LOUIS BARTHOU
DE L'ACADÉMIE FRANÇAISE

VOYAGE A TRAVERS MES LIVRES

AUTOUR DE LAMARTINE

Ouvrage orné de 41 illustrations

PAYOT, PARIS

AUTOUR
DE LAMARTINE

LOUIS BARTHOU
DE L'ACADÉMIE FRANÇAISE

VOYAGE A TRAVERS MES LIVRES

AUTOUR DE LAMARTINE

OUVRAGE ORNÉ DE 41 ILLUSTRATIONS

PAYOT, PARIS
106, BOULEVARD St-GERMAIN
1925

Premier tirage septembre 1925.

AVERTISSEMENT

Ces cinq études sont des conférences, déjà anciennes, qui se ressentent trop des négligences, et des répétitions inhérentes à l'improvisation. Je les ai à peine revisées et elles conservent le plus souvent la forme vocative sous laquelle elles furent, tout d'abord, prononcées.

Si elles avaient une prétention littéraire, je sais mieux que personne combien peu elles la justifieraient. Je ne les donne, n'ayant aucun goût à les refaire, que comme une série de documents propres à renseigner sur les influences de famille et d'amitié au milieu desquelles s'est développé le génie de Lamartine. A ce point de vue, elles rendront peut-être quelques services aux lecteurs : mon vœu ne va pas au delà.

12 Juillet 1925.

TABLE DES MATIÈRES

AUTOUR
DE LAMARTINE

I

LE PÈRE

Il est assez curieux que, de tous les grands romantiques, celui qui a prétendu avec le plus de force au titre de noblesse soit peut-être celui qui y avait le moins de droit : je veux parler de Victor Hugo qui terminait la préface de *Cromwell* en disant : « L'auteur de ce drame a toujours mieux aimé des armes que des armoiries. » Au fond, il ne déplaisait pas à Victor Hugo de relever celles-là par celles-ci : voici, à ce propos, un premier document inédit, mais qui n'est dangereux ni pour la morale publique, ni pour la mémoire de Victor Hugo. J'ai eu la bonne fortune de trouver une lettre de ce dernier qui porte la date du 26 mai 1828 ; elle est adressée à un rédacteur de *L'Oracle Européen*. Ce rédacteur indiscret avait demandé au poète des notes sur sa vie, sur son origine, sur son œuvre, et Victor Hugo écrivait : « Né à Besançon, d'une famille lorraine, anoblie en 1535 dans la personne de Georges Hugo, capitaine des gardes du duc de Lorraine. » C'est là, à mon sens, la première fois que Victor Hugo a affirmé ses titres de noblesse. Ces titres lui ont été contestés, et la seule chose certaine, c'est que Victor Hugo avait pour grand-père un menuisier de Nancy.

Quant à Chateaubriand, il dit dans les *Mémoires d'Outre-Tombe* : « Je descends d'une des plus anciennes familles de la Bretagne et de la monarchie française. » Il ajoutait, du reste, qu'il ne faisait pas cette déclaration pour en tirer vanité ; que, s'il avait écrit sous l'ancien régime, il ne se serait pas vanté d'un titre de noblesse, mais que, comme il écrivait après la Révolution et que ses titres avaient été contestés, il tenait à se présenter dans ses *Mémoires d'Outre-Tombe*, devant la postérité, avec toute l'ampleur de sa généalogie.

Enfin, vous savez comment Alfred de Vigny traitait ses ancêtres. Vous connaissez tous, certainement, l'une des plus belles pièces des *Destinées*, *L'Esprit Pur* ; vous savez ces vers immortels :

J'ai mis, sur le cimier doré du gentilhomme,
Une plume de fer qui n'est pas sans beauté.

J'ai fait illustre un nom qu'on m'a transmis sans gloire.
Qu'il soit ancien, qu'importe ! Il n'aura de mémoire
Que du jour seulement où mon front l'a porté.

Puis, évoquant la vie de ses aïeux, il termine :

C'est en vain que d'eux tous le sang m'a fait descendre ;
Si j'écris leur histoire ils descendront de moi.

Lamartine n'avait pas la vanité de ses ascendants ; il n'avait pas non plus la vanité de ses armes. On peut avec lui, pour déterminer les origines de sa famille, remonter jusqu'au commencement du XVIe siècle. On a là-dessus établi des généalogies exactes et définitives.

Le premier aïeul de Lamartine vivait au XVIe siècle; c'était un tanneur-cordonnier de Cluny, dans le Mâconnais. En 1651, au milieu du XVIIe siècle, la famille achète une charge de secrétaire du roi, puis des terres nobles, et acquiert ainsi successivement la noblesse de robe et la noblesse d'épée.

Si vous rapprochez ces dates, 1651 pour Lamartine, et 1535 pour Victor Hugo, et si vous admettez que Victor Hugo ait pu établir sa généalogie sur des bases solides, vous verrez qu'il avait cent ans de noblesse de plus que Lamartine.

Je relève, dans la série des ancêtres de ce dernier, un notaire, un avocat, un juge, un capitaine, un conseiller de bailliage, un chanoine ; et je remarque qu'au début du XVIIIe siècle, la terre de Monceau, le fief de la terre de Mailly, le domaine de Milly, la maison de Mâcon, rue des Ursulines (la maison où est né Lamartine) et un autre grand hôtel

L'Eglise de Milly (XIIe Siècle).

à Mâcon, étaient déjà dans le domaine de la famille.

Le grand-père de Lamartine était un assez gros personnage du commencement du XVIIIe siècle. Il s'appelait Louis-François, et Lamartine nous l'a dépeint, dans les *Confidences*, avec exactitude.

Ces deux derniers mots ne sont pas inutiles, car les *Confidences* de Lamartine sont sujettes à révision ; l'auteur croit toujours dire la vérité, mais il ne la dit pas toujours exactement. Voici comment il présente son grand-père : c'était, d'après lui, un homme superbe qui, se trouvant en garnison à Lille, avait été remarqué de Mlle Péron, laquelle y faisait ses débuts. Il avait reçu la croix de Saint-Louis à la bataille de Fontenoy — le fait est rigoureusement exact — et Lamartine ajoute :

Rentré dans sa province avec le grade de capitaine de cavalerie, il y avait rapporté les habitudes d'élégance, de splendeur et de plaisir contractées à la cour ou dans les garnisons. Possesseur d'une belle fortune dans son pays, il avait épousé une riche héritière de Franche-Comté qui lui avait apporté en dot de belles terres et de grandes forêts dans les environs de Saint-Claude et dans les gorges du Jura, non loin de Genève. Il avait six enfants dont trois fils et trois filles. »

Voici un vieux papier que j'ai été très heureux de recueillir ; c'est un acte judiciaire en bonne forme : « Pour Louis-François de la Martine, chevalier de Saint-Louis, ancien élu de la noblesse du Mâconnais, seigneur de Monculot, intimé, contre le sieur Louis-Pierre Bertin, marchand-fermier de Monculot et dépendances, et la demoiselle Chazout, sa femme, appelans d'appointement rendu au bailliage de Dijon le 2 mai dernier. »

Ce papier date de 1778, il a trait à un litige vulgaire, à une procédure courante et serait sans intérêt s'il ne mettait en cause le grand-père de Lamartine et s'il ne donnait ses titres. Je remarque, à ce propos, que le nom de Lamartine a changé plusieurs fois d'orthographe. Au XVIe siècle, ce nom s'écrivait Lamartine en un seul mot. Dans le précis judiciaire que j'ai sous les yeux, c'est de la Martine, en trois mots ; et l'on sait que Lamartine signait, en deux mots, de Lamartine.

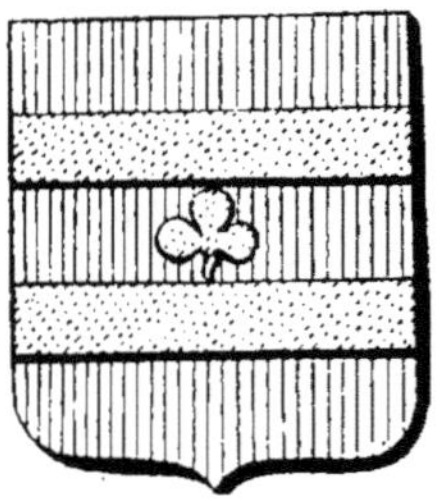

Armes de Lamartine.

Mais ne perdons pas de vue le grand-père qui commence la série des procès de la famille. Voici un second document le concernant : c'est un papier timbré qui présente aussi un certain intérêt :

Nous soussignés, prieure, dignitaires et chanoinesses, comtesse du noble chapitre de Saint-Martin de Salles, capitulairement assemblées à la manière accoutumée, d'une part ;

Et messire Louis-François de Lamartine, chevalier de l'ordre royal et militaire de Saint-Louis, chevalier seigneur de Monceau, Monculot et autres lieux, demeurant à Mâcon, d'autre part ;

Sommes convenus de ce qui suit, savoir :

Que moi, de Lamartine, afin de me conformer au règlement général dudit chapitre pour toutes les constructions futures, ai consenti comme je consens à annuler tous traités qui peuvent avoir été ci-devant souscrits entre nous pour le bâtiment que je dois faire construire à Mme du Villars, ma fille, chanoinesse audit chapitre. En conséquence, je me conformerai pour ledit bâtiment en tout, etc...

En style moins juridique et aussi moins archaïque, il résulte de ce document que Lamartine le grand-père prenait des dispositions avec le chapitre de Salles pour que les engagements qu'il avait pris envers sa fille, chanoinesse dans ce chapitre, ne vinssent pas heurter les intentions ou les intérêts de la communauté.

Quand je vois, parmi toutes les signatures qui s'accumulent au bas de ce papier, ce nom de Lamartine, écrit d'une manière si nette, si pleine, si ferme, et quand je me dis que c'est le nom du grand-père du poète des *Méditations*, je ne vous dissimule pas que ce document présente pour moi un intérêt réel.

J'en ai recueilli d'autres, parmi lesquels un manuscrit sur parchemin, l'acte d'émancipation du fils aîné du grand-père de Lamartine, du fils aîné de Louis-François, qui, lui, s'appelait François-Louis.

Au moment où l'oncle de Lamartine sollicitait

l'émancipation qui lui fut accordée dans cet acte, c'est-à-dire en 1789, il était âgé de trente-neuf ans. Il demandait à son père de lui donner la pleine liberté et tous les droits d'administration. Le père reconnaissait qu'il avait affaire à un fils sage et raisonnable, capable d'administrer ses biens lui-même ; il lui donnait, par conséquent, l'émancipation qu'il sollicitait, mais il lui refusait le droit de se marier sans son consentement.

Le père de Lamartine.

François-Louis ne se maria pas. Les médecins disaient qu'il avait très peu de temps à vivre, et voyez comme, même au XVIIIe siècle, il pouvait arriver aux médecins de se tromper : cet homme, qu'ils avaient condamné, ne mourut qu'en 1827, c'est-à-dire âgé de soixante-dix-sept ans. Il vécut, d'ailleurs, assez pour jouer un rôle important dans la vie de Lamartine et pour exercer sur lui une influence.

Louis-François avait un autre fils, Jean-Baptiste, qui passa dans les ordres, puis un dernier enfant qui s'appelait Pierre, né le 27 septembre 1751. Ce dernier fut le père de Lamartine.

Lamartine a parlé de son père à plusieurs reprises ; il nous a retracé sa carrière et nous a fait connaître son caractère.

Cette carrière fut pendant longtemps une carrière militaire. En 1788, à la veille de la Révolution, le père de Lamartine, le chevalier Prat, était capitaine. Il se maria en 1790 ; Lamartine, dans ses *Confidences*, nous présente son père au moment de son mariage :

Il avait trente-huit ans. Mais pour un homme de forte race, qui devait mourir, jeune encore d'esprit et de corps à quatre-vingt-dix ans, avec toutes ses dents, tous ses cheveux, toute la sévère et imposante beauté que la vieillesse comporte, trente-huit ans, c'était la fleur de la vie. Sa taille élevée, son attitude militaire, ses traits mâles avaient tous les caractères de l'ordre et du commandement. La fierté douce et la franchise étaient les deux empreintes que sa physionomie laissait dans le regard. Il n'affectait ni la légèreté, ni la grâce, bien qu'il y en eût beaucoup dans son esprit. Avec un prodigieux bouillonnement de sang au fond du cœur, il paraissait froid et indifférent à la surface parce qu'il se connaissait lui-même et qu'il avait comme honte de sa sensibilité.

Après ce portrait moral si finement tracé, Lamartine passe au portrait physique de son père, puis il nous parle du mariage de ce dernier.

Le couvent des Ursulines, a Macon, où le père de Lamartine fut interné pendant la période révolutionnaire.

J'ai dit que le grand-père de Lamartine avait eu trois fils. Le premier, condamné par les médecins, ne put se marier; le second passa dans les ordres, et le troisième, le chevalier, qui aurait dû être condamné au célibat, fut celui qui contracta mariage. Il le fit en 1790, et je dirai plus loin quelle fut la jeune fille admirable qu'il eut le bonheur de choisir.

La Révolution survient. Le père de Lamartine refuse d'émigrer. Il considère que le devoir de la noblesse est de demeurer auprès du roi. Il n'imite pas l'exemple de ceux qui quittent la France, et non seulement il reste aux côtés du roi, mais il prend sa défense. Il assiste aux combats du 10 août ; il est blessé ; il réussit à s'échapper de la prison où on l'a enfermé, et se rend à Mâcon où se trouvait sa maison familiale, mais on l'emprisonne de nouveau et il n'est mis en liberté qu'au 9 thermidor. Pendant le temps qu'il est en prison, il profite de la bienveillance de ceux qui le gardent pour entretenir des relations avec sa femme ; il lui fait des visites.

Le chevalier, qui est un loyal soldat, est aussi un homme désintéressé. La Révolution a modifié la législation successorale : il n'y a plus de droit d'aînesse, il n'y a plus de substitution, c'est désormais la loi du partage égal entre tous les enfants. Il a droit à une part dans l'héritage de son père, il peut la réclamer, mais il s'y refuse. Il n'accepte pas les lois de la Révolution, il ne veut pas en avoir le bénéfice, et c'est véritablement un admirable trait de délicatesse et de noblesse. Il ne garde qu'une terre, la terre de Milly, qui était dans la famille depuis le commencement du XVIIe siècle. Ainsi réduit à ce seul domaine, il s'y rend avec ses enfants :

Mon père et ma mère nous emmenèrent, toute leur tribu d'enfants, dans une longue file de chariots à bœufs. Notre mère était dans le chariot qui marchait le premier, avec une petite fille entre ses genoux, une autre à son sein. Une foule de paquets remplissaient la carriole. Mon père allait à pied en chasseur, un fusil dans une main soutenant de l'autre main la voiture dans les mauvais pas. Ses deux chiens tenus en laisse. Deux chariots pleins de femmes de chambre, d'ustensiles, de paquets, suivaient au pas. Puis, venait la voiture, aussi à bœufs, de Mlle de Montceau et de sa vieille femme de chambre. Tout cela formait une longue colonne d'équipages baroques roulant dans la boue. Les aiguillons des bouviers, les gémissements et les regimbements des bœufs, les clameurs épouvantées des femmes, les rires des enfants dans les chars, faisaient un spectacle moitié pittoresque et moitié touchant. Nous mîmes cinq ou six heures pour arriver laborieusement à Milly.

Voici le père de Lamartine installé à Milly. Qu'y fait-il ? Il surveille ses champs, il surveille ses vignes, il chasse ; il connaît des malheurs et des catastrophes que son fils, Alphonse de Lamartine, connaîtra à son tour ; mais il s'incline avec vaillance et avec courage devant la nécessité. Ouvrez le *Journal* de la mère de Lamartine, à la date du 2 septembre 1801, vous y verrez que la veille les campagnes ont été horriblement maltraitées par un grand orage, que la grêle a achevé de détruire toute la récolte. La pauvre femme constate que l'année était superbe et qu'à peine, après cet orage, restera-t-il de quoi subsister et faire subsister les pauvres familles de cultivateurs. Elle n'y attache pas une très grande importance. Pourtant, elle exprime le regret, parce qu'elle est bonne, charitable et généreuse, de n'avoir pas le moyen de venir au secours des pauvres gens dont elle voit la détresse. Mais voici un passage relatif à son mari :

« Mon mari a un bien plus grand courage, plus grand que le mien. Bien qu'il souffre davantage dans le moment, il m'a dit : « Pourvu que ni toi, « ni nos enfants ne me soyez enlevés, j'accepte « tout, mes biens sont dans vos cœurs. » Puis, il a prié avec moi au bruit des grêlons qui cassaient les branches et les vitres, et les sanglots des paysans qui se désespéraient dans la cour. »

Quelques années plus tard, en 1806, survient une autre catastrophe : un marchand de vin qui ne paie pas la somme de 21.000 francs qu'il doit. C'est un coup terrible pour la famille, et une fois encore la femme, tout en respectant la volonté de Dieu et en s'inclinant devant elle, rend hommage au courage de son mari. « J'admire, dit-elle, le calme de mon mari dans ces revers. Il souffre pourtant bien dans ses enfants et dans moi, mais c'est un homme d'acier pour les choses de la vie. »

Si je marque que cet homme supporte ainsi ces catastrophes, si je marque qu'il se résigne devant une nécessité douloureuse, qu'il ne plie pas devant cette nécessité, que la grêle détruisant ses vignes il ne perd pas courage, qu'un créancier ruinant son existence d'une année il ne perd pas confiance, c'est pour faire entendre, dès maintenant, que ce trait de son caractère, cette fermeté, ce courage et cette confiance passeront dans son fils Alphonse. Lui aussi il connaîtra ces calamités, il les supportera d'un cœur ferme. Aura-t-il la stoïque énergie de son père ? Peut-être pas toujours. Sa correspondance nous révèle, en effet, qu'il se plaint parfois et qu'il n'accepte pas la fatalité avec l'admirable courage paternel ; mais, quand il sera en présence d'autres nécessités, d'autres devoirs et d'autres catastrophes, il montrera alors, dans des heures tragiques, ce cœur d'acier dont la mère de Lamartine fait honneur à son père.

Cet homme peut aspirer à des honneurs. Il est bon, il est généreux, il est adoré de ses paysans. Quand la grêle abat sa récolte, on voit que la préoccupation de la femme et du mari est de ne pas pouvoir venir au secours des sinistrés ; ils redoutent moins leur ruine personnelle que la ruine des autres. Un tel homme ne peut pas ne pas être adoré dans son pays. Il est impossible même, s'il ne va pas vers elles, que les charges publiques ne viennent pas vers lui. Il est conseiller général et détiendra pendant vingt ans ce mandat dans le même canton ; il peut obtenir davantage, et prétendre à un mandat législatif. Le Conseil général de Mâcon est présidé par M. de Naud. M. de Naud est un homme assez jeune d'esprit, étourdissant de conversation ; c'est Mme de Lamartine qui le caractérise ainsi : « Il est venu, il nous a raconté ses voyages en Égypte avec l'empereur. Il dessinait des batailles sous le feu. Il comble mon mari de distinctions et lui a proposé de le faire nommer législateur. Mais mon mari m'a dit qu'il pourrait se trouver là placé entre sa conscience et sa fortune et qu'il préférait sacrifier tout avantage mondain à la sécurité et à la paix de sa conscience. Je l'admire et j'ai trop respecté ses motifs pour le presser d'agir différemment, quoique mon amour-propre, déguisé sous la couleur de la fortune de mes enfants, me portât plutôt à désirer ces honneurs et ces crédits. »

Est-il possible de s'analyser et de se confesser avec plus de loyauté et avec plus de franchise ? Cette femme a six enfants, elle a le souci de leur avenir, elle voit que les honneurs donnés à son mari peuvent assurer leur carrière ; lui résiste à cette tentation, il s'y dérobe ; elle ne se plaint pas, elle l'approuve et elle l'admire. Pourquoi ? Parce que ce conseiller général craint, s'il accepte ce mandat de député, d'avoir à sacrifier sa conscience à sa situation politique. Il est homme d'honneur et ne veut pas risquer de faire ce sacrifice.

Ici encore, on peut retenir un trait que nous

MILLY AU XVIIIe SIÈCLE.
(D'après une ancienne estampe).

retrouverons dans Lamartine : lui non plus, à aucun moment, n'a sacrifié sa conscience à sa fortune ; quand il a eu à choisir, il a choisi sa conscience, et l'on peut dire que le fils fut en tout digne du père.

En 1814, le père de Lamartine fait partie d'une

délégation du Conseil général qui va porter aux Bourbons restaurés les hommages de la province. On sait quelle a été son attitude sous la Révolution, on sait ce qu'il a fait le 10 août, on sait qu'il s'est battu, qu'il a été blessé pour la cause royale. On lui offre des honneurs, il les refuse ; on lui offre des pensions, il n'en veut pas. Pourquoi ? Parce que, dit-il, il a rempli son devoir et qu'il ne veut pas en recevoir la rémunération.

Un tel homme a-t-il une influence sur son fils ? Il l'a, profonde et réelle, au point de vue du caractère, il l'a moins grande au point de vue de l'éducation. Il sort avec Alphonse, il parcourt avec lui les vignes, les champs, les campagnes ; il lui fait la lecture, notamment, de *La Jérusalem Délivrée* traduite par Lebrun, et Lamartine dit que c'est par cette lecture qu'il a découvert le monde de l'émotion, de l'amour et de la rêverie. Il lit à haute voix, il lit bien. Son fils rend hommage, dans une page de ses *Confidences*, à sa voix claire, ardente et sonore. Je note ce trait parce que, au point de vue de l'influence littéraire et intellectuelle du père sur le fils, j'ai, je dois en convenir, très peu de chose à dire, et que lorsque je rencontre, dans la préface aux *Premières Méditations Poétiques*, le souvenir de la circonstance dans laquelle Lamartine a appris ce que sont des vers, et lorsque je constate que c'est son père qui lui a donné cette leçon, j'ai ainsi la preuve que le père ne fut pas complètement étranger à la formation poétique de son fils.

Ils vont ensemble dans la campagne. Le père de Lamartine s'arrête chez un vieil ami, un officier qui fait des vers, qui écrit sur des parchemins des lignes d'un aspect particulier. Ces lignes frappent l'enfant ; il interroge son père. « Je lui demandai en chemin quelles étaient donc ces jolies lignes égales, symétriques, espacées, encadrées de roses, liées de rubans, qui étaient sur la table. Il me répondit que c'étaient des vers et que notre hôte était un poète. Cette réponse me frappa, cette scène me fit une longue impression, et depuis ce jour-là, toutes les fois que j'entendais parler d'un poète, je me représentais un beau vieillard assis auprès d'une fenêtre ouverte à large horizon, dans une maisonnette au bord du grand bois, au murmure d'une source, aux rayons d'un soleil d'été tombant sur sa plume et écrivant, entre ses oiseaux et son chien, des histoires merveilleuses dans une langue de musique dont les paroles chantaient comme les cordes de la harpe de ma mère touchées par les ailes invisibles du vent dans le jardin de Milly. »

Mais c'est surtout la mère qui s'occupe, pendant les premières années, de l'éducation de son fils,

Et puis, il y a un oncle, et cet oncle-là, Lamartine, qui l'a dépeint à plusieurs reprises, l'a défini d'une épithète terrible : c'est l'Oncle Terrible, en effet, qu'il l'a appelé. L'Oncle Terrible est cet aîné, celui que les médecins avaient condamné à mort et qui leur porta le défi de vivre jusqu'à soixante-dix-sept ans. Il était l'aîné de la famille, il avait les honneurs, il avait la fortune, il avait aussi un mauvais caractère. Il était autoritaire, il exerçait sur les siens une influence décisive ; tout le monde s'inclinait devant lui. La mère de Lamartine avait de la finesse, mais sa volonté devait s'incliner devant les tendances dominatrices de l'oncle. Le père de Lamartine était plus faible. Si vous me permettez d'employer cette expression familière, je dirai volontiers que c'était un homme qui ne voulait pas avoir d'histoires. Or, il était difficile de n'avoir pas d'histoires avec le frère aîné, ou plutôt il n'y avait qu'un moyen de n'en pas avoir : c'était de céder sur tout. C'est ainsi que le père céda à plusieurs reprises sur l'éducation du jeune Alphonse. Ce fut l'oncle qui exigea du père et de la mère qu'Alphonse, enlevé à l'éducation libre qu'il recevait auprès de sa mère, allât dans une pension de Lyon, puis chez les Jésuites. Lamartine n'avait pas gardé une très grande tendresse pour la mémoire de son oncle, qui en fit pourtant son héritier en 1827, mais dans des termes et avec des conditions qui n'agréèrent pas beaucoup au poète des *Harmonies.* Il a fait à plusieurs reprises le portrait de cet homme redoutable ; il gardait, disait-il, ce portrait gravé dans sa tête parce qu'il avait eu le temps de bien observer le modèle ; il ajoutait que c'était un des hommes qui lui avaient fait à la fois le plus de peine et le plus de bien.

Le passage suivant montrera combien la vocation poétique de Lamartine dut être irrésistible pour triompher des résistances qu'il rencontrait, non de la part de son père et de sa mère, mais uniquement de la part de son oncle. Je cite :

Il était homme de réflexion, j'étais un enfant d'enthousiasme. Il était homme de spéculation, et j'étais un enfant de premier mouvement et d'action. Il était froid et j'étais tout feu. Il était savant et j'étais inspiré. Il était économe et j'étais prodigue. Il était borné dans un étroit horizon bien arrangé de province, de petite ville, de famille, et j'ouvrais à l'imagination des ailes larges comme le monde. Il voulait me construire à son image et la nature m'avait construit à l'image de ma mère, dans un autre moule et d'un autre métal. Il n'estimait que la science et je ne comprenais que le sentiment. Pour tout expliquer en deux mots, il était mathématicien, et j'étais, ou je voulais être, poète. Comment unir ce chiffre et cette flamme ?

A vrai dire, le chiffre et la flamme ne réussirent jamais à s'unir. L'oncle mathématicien voulait que son neveu, celui sur lequel il avait mis tous ses espoirs et les espoirs de la famille, s'adonnât aux mathématiques, à la physique, à la chimie, aux sciences naturelles ; il voulait ensuite qu'il se consacrât à l'agriculture, dans l'obscurité du coin de

La famille Lamartine a Milly.

province où le hasard l'avait conduit. Lamartine sentait en lui-même une vocation ; il résista donc, et se retourna du côté de son père et de sa mère. Le père laissait faire le grand frère aîné, le frère terrible ; la mère aidait Lamartine, et, à plusieurs reprises, elle vint à son secours.

Le père était bon, il était tendre, il était doux et généreux. Lamartine était ardent, passionné, impétueux, il eut une jeunesse orageuse. Il revint à Mâcon après les aventures d'Italie qui avaient fait un certain bruit. Lorsqu'il rentra, son père l'accueillit avec bonté.

Après l'aventure d'Elvire, je courus à lui et je tombai dans ses bras. Il avait bien la voix un peu émue et les yeux un peu humides en m'embrassant, mais il y avait une mâle fermeté jusque dans sa tendresse. Il respectait son ancien uniforme de capitaine de cavalerie ; il aurait cru, en avouant aux autres ou à lui-même une émotion, se féminiser. C'était un des hommes qui ont le respect humain de leurs qualités, la pudeur de leurs vertus, et qui, en refoulant tous les signes extérieurs de leur sensibilité dans leur âme, ne font que la conserver plus jeune et plus vierge jusqu'à leurs jours avancés. Cette habitude, sa nature forte et austère, jetaient entre lui et moi une certaine froideur de démonstration qui pouvait tromper au premier coup d'œil. Nous nous aimions sévèrement, comme il convenait à des hommes : lui avec dignité, moi avec respect.

Ce fut son père qui le prit par la main, qui le conduisit à Paris, qui l'accompagna à la Cour où il le présenta à ses anciens camarades, et je n'ai pas besoin de vous dire l'enthousiasme avec lequel il apprit l'immense succès des *Méditations*. Vous savez, en effet, que les *Méditations* déchaînèrent un enthousiasme comme rarement une œuvre littéraire d'un débutant put en provoquer. Mais la joie du père fut suivie d'une déception. Alphonse se présenta à l'Académie française, et il ne fut pas élu. La situation des candidats à l'Académie française était, en ce temps-là, ce qu'elle est aujourd'hui. Il y a plusieurs sortes de candidats : il y a ceux qui n'ont pas de titres et qui n'ont pas davantage de chances, ceux-là sont des fantaisistes ; il y a ceux qui ont des titres et qui n'ont pas de chances. Il y a ceux qui ont des chances sans avoir de titres ; et, enfin, il y a les candidats qui ont à la fois les titres et les chances. Il se rencontra qu'en 1824, Lamartine, qui avait écrit les *Premières Méditations* et les *Nouvelles Méditations Poétiques*, eut pour concurrent M. Droz (homme aujourd'hui peu connu), qui avait écrit *Lina ou les Enfants du Pasteur Albert.* Voilà un roman dont je ne dirai ni du bien ni du mal, car je ne l'ai pas lu, et j'ai la volonté de continuer à ne pas le lire. M. Droz avait écrit aussi un *Essai sur l'Art Oratoire* ; je l'ai parcouru ; je ne sais si Lamartine l'avait lu, mais je peux donner l'assurance que cet *Essai* n'est pour rien dans le développement du génie oratoire de Lamartine. M. Droz n'avait pas encore écrit son *Histoire du Règne de Louis XVI*, qui est un travail intéressant. Quand j'ai eu à m'occuper d'une des grandes figures de la Révolution, de

Mirabeau, j'ai consulté ce livre peu connu, et je dois dire que son auteur, qui avait recueilli des renseignements de première source et causé avec des hommes ayant connu Mirabeau, a apporté à l'histoire du grand tribun une contribution importante. C'eût été un titre à l'Académie française. Mais voyez ce que valent quelquefois les candidatures : le livre a suivi l'élection de M. Droz à l'Académie ! Ce dernier avait, il est vrai, écrit un autre livre, qui a pour titre : *Essai sur l'Art d'être Heureux.* Droz savait mettre cet art en pratique ; il fut élu contre Lamartine

Le poète en éprouva une violente colère. qu'il exhala dans des lettres passionnées. Il disait que c'était surtout pour son père qu'il était candidat. On est candidat tantôt pour son père, tantôt pour sa mère, tantôt pour sa sœur, tantôt pour sa femme, on l'est rarement pour soi-même ! Et, pourtant, Lamartine était sincère.

A la date du 4 décembre 1824, sa mère écrivait dans son *Journal* : « Alphonse revient de Paris, il n'a pas été nommé à l'Académie, c'est M. Droz qui l'a emporté sur lui. J'ai été fâchée d'avoir trop engagé mon fils à se présenter. »

Il est vrai que la mère avait été imprudente. Elle connaissait un historien, M. de Lacretelle, qui était de son pays, elle comptait sur ce compatriote. Je ne sais si M. de Lacretelle donna son concours à Lamartine ; mais, ce que je sais bien, c'est qu'il ne lui donna pas sa voix. Mme de Lamartine en éprouva un véritable chagrin. Elle ajoute : « J'ai été affligée surtout pour mon mari, qui mettait un grand intérêt à ce succès. Enfin, Dieu et les hommes ne l'ont pas voulu ; il faut accepter cette peine sans aigreur et sans murmure. Toute minime qu'elle soit, ou toute sensible qu'elle soit, elle n'est pas moins comparable à des peines de cœur. »

M. DE LACRETELLE.

Lamartine se représenta cinq ans plus tard. Cette fois, il fut élu. J'ai eu la bonne fortune de trouver une lettre, et même de nombreuses lettres dans lesquelles Lamartine sollicitait des concours utiles à sa candidature à l'Académie française. Il écrivait, en 1829, à une brave poétesse qui avait, en même temps, une imprimerie, Mme Amable Tastu. Mme Amable Tastu a joué un très grand rôle pendant la période romantique ; elle a été très admirée. A lire les hommages qui lui étaient adressés par Chateaubriand, par Victor Hugo et par Lamartine, on pourrait presque croire qu'elle a été le plus grand poète de son époque. Chateaubriand lui écrivait des lettres enflammées, — enflammées d'un zèle littéraire seulement. Quand Victor Hugo faisait des lectures de *Cromwell*, il invitait Mme Tastu, et quand Lamartine était candidat à l'Académie, c'est l'influence de Mme Tastu qu'il invoquait.

J'ai un père qui a soixante-dix-sept ans, écrivait-il ; il est, par conséquent, de l'ancien régime en tout et regarde comme l'apogée de la gloire humaine un fauteuil (comme cela s'appelait à l'Académie française). Je meurs de peur, de mon côté, de ne pouvoir lui procurer cette gloire par son fils si je ne me dépêche pas de l'atteindre.

Il réussit et son père fut content.

A partir de cette époque, le père eut-il sur son fils une plus grande influence ? D'influence directe, il n'en eut jamais à proprement parler. Il eut une sorte d'influence morale. Vous avez vu, par les passages que j'ai déjà cités, que Lamartine, qui l'aimait, le craignait surtout et le respectait. L'Oncle Terrible était mort en 1827, la mère de Lamartine était morte en 1829. Alors, il s'établit entre le père et le fils des relations plus cordiales, plus tendres. Lamartine les a, du reste, notées dans une phrase : « Sa sensibilité se cachait sous l'austérité, derrière la distance, jusqu'à ces dernières années où j'étais devenu un homme et où il était devenu un vieillard. Alors, les rôles changèrent, c'est lui qui se laissait aimer, c'est moi qui aimais. Entre nous, la sensibilité déborda. »

Il est vrai, en effet, qu'à partir de cette époque, la plus affectueuse intimité ne cessa de régner entre le père et le fils. L'Oncle Terrible avait laissé sa fortune à l'aînée de ses nièces et à Lamartine, qu'il avait chargé de payer une pension à son père. Voici encore un document : c'est un tout petit papier, mais je vous assure que je ne m'en dessaisirais pas contre un gros volume.

Je, soussigné, reconnais avoir reçu des deniers d'Alphonse de Lamartine, mon fils, la somme de mille francs pour la pension de même somme que m'a faite mon frère aîné, échue le 29 avril 1828.

Mâcon, le 29 avril 1828.

LAMARTINE père.

Au point de vue politique, le fils suivit les traces du père. Le père était royaliste, le fils restait royaliste ; mais, petit à petit, il se dégageait de la monarchie absolue pour se donner tout entier au royalisme libéral. Pendant dix-huit ans, de 1830 à 1848, il réalise une carrière admirable. Quand je dis que cette carrière est admirable, je ne parle pas seulement du talent, je parle de la conscience, de l'indépendance de caractère. Cette indépendance de caractère et cette conscience, Lamartine les tenait de son père.

Il est très curieux que les lettres publiées de Lamartine à son père ne soient pas plus abondantes. Dans les quatre volumes où sa correspondance a été recueillie, il faut, si je ne me trompe, arriver à 1834, pour trouver une première lettre de Lamartine à son père. Il y a, il est vrai, en 1827, une lettre de Florence que Lamartine écrit à ses parents, nous allons voir avec quels sentiments affectueux :

> Il n'y a pas un jour, ni une heure dans le jour, et surtout les heures où l'on prie, où je ne pense à vous et où je n'offre les vœux les plus sincères et les plus vifs pour votre santé, et votre repos, et votre conservation. Vous êtes pour nous le premier des biens sans lequel rien ne nous serait rien.

Puis, trois lettres seulement : 9 janvier 1834, 17 janvier 1834, 6 février 1834. Que sont devenues les autres ? Je l'ignore.

Ces lettres sont curieuses, parce qu'elles marquent

le caractère des relations entre le père et le fils. Non seulement le fils affirme pour son père la continuité d'une tendresse filiale, mais il craint les critiques paternelles. Il s'est jeté à corps perdu dans la politique, il a abordé la tribune, il intervient dans presque toutes les questions ; il se forme, il se développe comme orateur ; il acquiert, petit à petit, en passant du discours lu et récité au discours écrit et ensuite au discours improvisé, cette incomparable maîtrise qui fera de lui, en 1848, le plus grand orateur de son époque et l'un des plus admirables tribuns que l'humanité ait connus. Il se forme en même temps au point de vue politique ; il ne veut être d'aucun parti, il ne veut pas aliéner son indépendance. On connaît son mot célèbre : quand il entra à la Chambre, comme on lui demandait où il siégerait, il répondit qu'il siégerait au plafond. Le mot était joli, il était profond. Mais quand on veut jouer un rôle dans une assemblée délibérante, il n'est pas bon de siéger au plafond ; il faut savoir en descendre. Lamartine en descendait, il prenait contact avec la tribune, mais il s'écartait des partis, et ce qu'il y a de frappant dans les lettres qu'il écrit à son père, c'est qu'il veut toujours affirmer son indépendance. Il dit au vieillard que celui-ci ne doit pas prêter une attention quelconque aux bruits qui vont venir jusqu'à Mâcon, qu'il ne faut pas qu'il suppose que son fils va vers le juste milieu, qu'il entre dans un parti déterminé.

Ces lettres que j'ai sous les yeux marquent la préoccupation constante de Lamartine de conserver l'estime de son père et son approbation au point de vue politique ; elles témoignent, en même temps, de préoccupations d'ordre matériel.

S'occupe-t-on, lui écrit-il en 1834, de mes plantations de vigne à Monceau et de préparer mes vins pour l'Amérique ? Dites à Révillon d'être actif, et qu'il m'envoie ici deux pièces de vin de Milly pour les domestiques.

Je vous assure qu'il est touchant de constater dans la même lettre, quand cette lettre est signée Lamartine, en même temps que de hauts aperçus politiques, les préoccupations les plus terre à terre. Lamartine est un grand orateur et un grand poète, mais ce qu'il eût désiré par-dessus tout, c'est mériter le renom d'un excellent viticulteur. Il soigne ses vignes comme il soigne ses phrases ; il entretient son père de ses discours et de ses livres, et il lui demande de l'entretenir à son tour de ses vignes.

En 1840, le père est très âgé. Un ami de Lamartine se préoccupe de la santé du vieillard. Lamartine lui répond :

Je te remercie de ta sollicitude pour mon père. Il vieillit, mais il est robuste encore. Le bruit de sa maladie était sans fondement. Je suis venu passer quelques jours près de lui.

Cette lettre est du 11 juin 1840. Deux mois après, le père de Lamartine était mort.

CHATEAU DE MONCEAU, A PRISSÉ OU LAMARTINE PASSAIT PLUSIEURS MOIS CHAQUE ANNÉE.

Un journal, *Le Journal de Saône-et-Loire*, publia à ce moment une notice nécrologique dans laquelle était retracée la vie de cet homme de bien. La notice est intéressante en elle-même, mais elle est surtout intéressante parce qu'elle a été écrite par Lamartine ; c'est le fils qui fait l'éloge du père. En effet, il écrit à Émile de Girardin :

Mon cher ami, j'ai perdu mon digne père. Je ne puis vous en dire plus. C'est pour moi la moitié de la vie perdue.

Je dicte confidentiellement quelques lignes au *Journal de Saône-et-Loire* sur cet événement, ce sont les seules que je désire voir reproduire. On vous les enverra demain.

Tout à vous.

Je ne cite pas la biographie, elle résume à grands traits les éléments que j'ai déjà fait connaître. Mais voici le commencement et voici la fin :

Une famille honorable vient de perdre son chef..., un des exemples rares de ces vieillesses saines et robustes qui s'élèvent çà et là au niveau ordinaire des générations avec toute leur sève et toute leur majesté, comme pour nous consoler de la nécessité de vieillir et pour nous adoucir la nécessité de la fin. Cette vie comble de jours, de bonheur et de paix ne s'est retirée qu'à près de quatre-vingt-dix ans.

Ce ne fut pas un homme de bruit, n'en faisons pas sur sa tombe. Que l'expression de notre regret soit juste et modeste comme il le fut lui-même.

Il s'éteignit ainsi, si l'on peut appeler vieillesse une vie si pleine, chaleureuse, renouvelée, et qu'on ne reconnaissait en lui qu'à la date de ses souvenirs, à la dignité imposante de son attitude et à la majesté de ses cheveux blancs. Peut-on, en effet, appeler vieillesse cette maturité saine qui se perfectionne sans cesse sans se corrompre d'aucun côté ? Rien n'était usé dans cette forte nature, ni le corps, ni l'esprit, ni le cœur. Il semblait, au contraire, que les fibres de ce cœur s'attendrissaient sans s'amollir avec les années.

Nous nous souviendrons de lui toutes les fois que nous voudrons honorer la vieillesse.

Il est mort en homme de raison et en homme de foi, ne discutant pas avec la nature, et plein de certitude dans l'éternité.

On disait de lui, autour de son lit, en le voyant prier et mourir, qu'il avait manifesté dans toute sa vie la vertu humaine sous ses traits les plus élevés, sous sa plus belle forme : dans sa jeunesse, l'honneur ; dans son âge mûr, la probité ; dans sa vieillesse, la religion.

Et ce passage :

Ses sentiments politiques participaient essentiellement de la justice, de l'équité et de la modération de son caractère. Cette politique n'avait qu'un seul mot : l'honnête, et elle était le résumé de son âme. N'est-elle pas aussi la plus infaillible des théories ? N'y a-t-il pas, après tout, quelque chose de plus sûr que les opinions et qui leur sert à toutes : la conscience ?

Après cet hommage rendu par Lamartine à son père au lendemain même de sa mort, le poète a plusieurs fois évoqué la mémoire paternelle. Il en a parlé dans la poésie admirable que vous connaissez tous : *La Vigne et la Maison.* Il en a parlé dans *Milly ou la Terre Natale.* Et le moment est venu de dire, en quelques mots, quelle a été au vrai, quelle a été au fond, l'influence du père sur le fils.

Je dirai, d'abord, que le père a donné au fils l'amour de la terre. Pendant quatre-vingts ans, le père de Lamartine a vécu au milieu des champs et des vignes ; le fils a tenu du père cet attachement sublime au sol qui s'est traduit en vers admirables dans le sublime *Milly*. Le père a donné au fils une autre qualité : il lui a transmis le courage. J'ai dit comment le père de Lamartine s'était conduit au 10 août 1792, comment il lutta et comment il fut blessé pour son roi. Quand je songe au combattant du 10 août 1792, j'évoque immédiatement le souvenir du fils dans les journées tragiques de février 1848. L'un, le père, défend la cause de la royauté : l'autre, le fils, défend la cause de la république, mais ils ont la même abnégation, ils ont le même courage. Le fils est vaillant comme le fut le père, il va au péril, simplement, noblement, avec une majesté et en même temps une simplicité qui font de ces journées de février 1848 l'événement le plus important de sa vie, mais qui, en même temps, égalent cette vie à l'un des événements historiques les plus extraordinaires qu'un homme ait jamais pu connaître. En même temps, le père lègue au fils la fierté, la dignité et l'indépendance. C'est bien ce que le fils a marqué dans ces vers de *Milly ou la Terre Natale* :

Voilà le banc rustique où s'asseyait mon père,
La salle où résonnait sa voix mâle et sévère

Quand, des pasteurs assis sur leurs socs renversés,
Il comptait les sillons à chaque heure tracés,
Ou qu'encor, palpitant des scènes de sa gloire,
De l'échafaud des rois il nous disait l'histoire,
Et, plein du grand combat qu'il avait combattu,
En racontant sa vie, enseignait la vertu.

Oui, cette noble vie avait été un haut enseignement ; on peut en juger par un passage du Journal de la mère, qui suffirait, à lui seul, à indiquer la valeur morale de cet homme. Ils sont à Mâcon (c'est en 1819), les partis sont terriblement animés les uns contre les autres :

« On nous reproche amèrement quelquefois, à mon mari et à moi, notre modération. On voudrait nous voir partager les colères du parti royaliste qui est le nôtre, mais cela n'est ni religieux, ni royaliste. On ne ramène pas les hommes en les injuriant. Mon mari et moi, sommes obligés de nous sevrer de notre société la plus intime et de nous renfermer en nous-mêmes. Nous nous contentons d'être fidèlement attachés aux Bourbons sans perdre pour eux notre sang-froid, notre justice et notre âme. N'y a-t-il pas assez de passions personnelles à combattre en nous, sans y allumer ces malheureuses passions politiques qui incendient en ce moment les esprits ? Mon mari dit qu'il a donné son sang aux Bourbons au 10 août, qu'il est prêt à le leur donner encore, mais qu'il ne donnera pas son bon sens aux fureurs de leurs partisans. »

Tel père, tel fils. Lamartine se refuse à donner l'appui de son bon sens et l'autorité de sa réputation aux fureurs des partisans, de quelque côté qu'ils viennent.

En 1830, après les journées de juillet, il écrit, le 19 septembre, au comte Molé une lettre admirable. Il est diplomate, il s'agit de savoir s'il prêtera serment au nouveau régime et s'il conservera sa situation de fonctionnaire. Le serment, il l'accepte. Il déclare qu'un homme ne doit pas abdiquer sa liberté d'appréciation, son opinion, ses devoirs d'homme et de citoyen, parce qu'un trône s'est écroulé et qu'un roi s'est exilé. Il dit qu'on n'a pas le droit de donner cette démission de soi-même, d'aliéner le devoir que l'on a de participer à la chose publique. Il sait qu'un gouvernement nouveau s'est créé ; ce gouvernement ne répond peut-être pas à ses aspirations, il en a servi un autre, mais il redoute l'anarchie qu'il appelle « l'apport convulsif des nations ». Il déclare donc qu'il prêtera serment au nouveau gouvernement. Mais en même temps, comme il est loyal, indépendant et désintéressé, il donne sa démission de fonctionnaire, décidé à servir la monarchie libérale, aux heures de péril, comme simple citoyen. Ici encore, je puis dire : Tel père, tel fils, car le fils a suivi l'exemple admirable du père.

II

LA MÈRE

Nous connaissons tous l'anecdote de Mme de Lamartine plantant un lierre au bas des marches sur lesquelles s'ouvrait la porte centrale de la maison de Milly, pour donner une réalité à un mensonge poétique de son fils. Cette anecdote est, en effet, très connue, et j'aurais éprouvé quelque scrupule à la rappeler si elle ne prenait à mes yeux toute la valeur d'un symbole.

Donc, en 1829, Alphonse de Lamartine était secrétaire à la légation de France à Florence ; il écrivait ses *Harmonies*, inspirées par le souvenir de la terre natale ; il écrivait sous le nom de *Milly* une longue et belle pièce dans laquelle il évoquait son pays, ses ruisseaux, ses prairies, ses champs, ses montagnes, ses coteaux et ses vignes ; il évoquait le souvenir de la maison dans laquelle il avait vécu pendant sa jeunesse et, la décrivant, il disait :

Sur le seuil désuni de trois marches de pierre,
Le hasard a planté les racines d'un lierre,
Qui, redoublant cent fois ses nœuds entrelacés,
Cache l'affront du temps sous ses bras élancés,
Et, recourbant en arc sa volute rustique,
Fait le seul ornement du champêtre portique.

Et, à la fin de la pièce, au moment où il allait presque indiquer que la maison de Milly devait être prochainement vendue, il disait :

La vie a dispersé, comme l'épi sur l'aire,
Loin du champ paternel les enfants et la mère,
Et ce foyer chéri ressemble aux nids déserts
D'où l'hirondelle a fui pendant de longs hivers.
Déjà l'herbe qui croît sur les dalles antiques
Efface autour des murs les sentiers domestiques,
Et le lierre, flottant comme un manteau de deuil,
Couvre à demi la porte et rampe sur le seuil ;
Bientôt, peut-être... Écarte, ô mon Dieu, ce présage !

Il n'y avait pas de lierre entourant le portique, mais la mère de Lamartine ne voulut pas qu'il y eût une inexactitude dans les vers de son fils ; elle planta le lierre le long du mur où il n'y avait que de la vigne vierge, de la mousse et des pariétaires.

Sans doute, dit Lamartine, que Dieu bénit ce petit plant et que les pluies d'hiver l'arrosèrent, car, en peu d'années, il habilla complètement le mur. Ma mère meurt, le lierre

Milly. — La maison de Lamartine.

grandit tous les jours, et maintenant il est devenu si vigoureux, si ramifié, si touffu, si usurpateur de toute la maison, qu'il fait une corniche verte et flottante au toit et qu'il gêne les persiennes du côté nord. Les étrangers et les paysans en coupent parfois les branches en mémoire de ma mère, mais il en repousse suffisamment pour couvrir tout un champ de morts.

La plantation de ce lierre me paraît établir d'une manière tout à fait significative les relations existant entre la mère et le fils. A vrai dire, la mère de Lamartine fut, pendant quarante ans, la jardinière soigneuse de la vie de son enfant, elle s'efforça de sarcler les mauvaises herbes, de faire disparaître les ronces, de nettoyer les chemins et d'arroser les fleurs admirables de ce génie.

Elle était délicate, attentive, pleine d'affection pour ses nombreux enfants, et parmi ses enfants il en était un, l'aîné, le fils, qu'elle entourait d'une tendresse, d'une affection et d'une admiration particulières. Qui était-elle ?

Elle s'appelait Alix des Roys, elle appartenait à une ancienne famille ; cette famille dont la noblesse répondait à peu près, comme ancienneté de date, à la noblesse de la famille des Lamartine, possédait un fief au commencement du XVIIe siècle, et si l'on veut connaître ses armoiries, les voici :

« D'argent à une croix d'azur chargée de cinq annelets d'or. »

Le père d'Alix des Roys était intendant général des finances du duc d'Orléans. Sa mère était sous-gouvernante des enfants du prince. Quand elle fut devenue mère, Alix des Roys écrivit son Journal pendant de très nombreuses années ; elle s'attacha à noter ce qu'elle avait entendu, ce qu'elle voyait, ce qu'elle constatait, et c'est ainsi que nous savons qu'elle fut très mêlée aux distractions et aux amusements de la famille royale. Elle vécut longtemps à Saint-Cloud, et le fils a pu dire de sa mère que Saint-Cloud était pour elle son Milly, son berceau, le lieu où toutes ses premières pensées avaient germé et fleuri, végété et grandi avec les plantes du parc. Il ajoute que tous les noms sonores du XVIIIe siècle étaient les premiers noms qui s'étaient gravés dans sa mémoire, et ce furent, en effet, des hommes illustres avec lesquels Alix des Roys, dès sa plus jeune enfance, se trouva en contact. Une simple énumération suffira à vous les faire connaître. Ces hommes s'appelaient : d'Alembert, Laclos, Buffon, Florian, Grimm, Morellet, M. Necker. Il y avait des hommes d'État, des hommes de lettres, des philosophes, et il y avait aussi une femme, Mme de Genlis, dont Alix des Roys n'eut toujours qu'à se louer.

Ainsi élevée, elle avait acquis une éducation très soignée.

Elle entra, à l'âge de quinze ans, dans un couvent au chapitre de Salles, qui était situé à neuf kilomètres de Villefranche-sur-Saône. Là, elle mena à la fois une vie mondaine et monacale. Ce fut dans ce chapitre que, pendant quelques années, elle continua, développa et acheva son éducation.

Elle avait, dès ce moment-là, l'habitude de prendre des notes et d'écrire le journal de sa vie. Malheureusement, plus tard, elle brûla ces souvenirs de sa jeunesse, et pourtant une trace est restée. En 1786, à l'âge de seize ans, elle écrivait ces notes dans lesquelles elle se dépeint déjà : « Il n'y a, disait-elle, après tout qu'une seule chose de nécessaire ; il n'est pas utile, en effet, que je me procure de la dissipation, que je prenne du plaisir, tout cela passe et ne fait pas le bonheur. Il n'est pas nécessaire que je plaise au monde, que je sois aimée et recherchée, tout cela est une source de périls en tous genres, et les personnes qui se livrent le plus au monde et que le monde lui-même fête le plus sont souvent, par la suite, les plus malheureuses. »

Le jour où Alix des Roys écrivait ces notes dans son Journal, elle avait certainement pris sa part de la vie monacale, et, sans en avoir la preuve, je ne commettrai pas une hardiesse de jugement en supposant qu'elle s'était confessée et qu'elle faisait pénitence.

Mais je vous ai dit qu'à côté de la vie monacale, d'ailleurs très peu rigoureuse, il y avait la vie mondaine. Trente ans plus tard, en allant accompagner son fils Alphonse à Lyon, elle passait devant le couvent qui avait abrité ses premières années, et elle écrivait :

« J'éprouve encore de douces émotions en revoyant ce charmant Beaujolais où j'ai passé ma jeunesse heureuse. Mille souvenirs se succèdent rapidement dans ma tête, ou plutôt dans mon cœur, car c'est là que presque tous les moments de ce temps sont gravés. Je me voyais de quinze à vingt ans, simple, jolie, fraîche, plaisant à tout le monde. »

Je ne dis pas qu'en faisant ici elle-même son portrait, elle manquait de modestie. D'ailleurs, on ne trouvera pas ce passage dans *Le Manuscrit de ma Mère. Le Manuscrit de ma Mère*, c'est le titre que le fils a donné à ce volume, mais Lamartine n'en a publié qu'un certain nombre de pages ; il les a choisies, il en a éliminé beaucoup et a fait, notamment, disparaître le passage dans lequel la mère se rendait à elle-même ce témoignage. C'est dommage ! mais il n'a pas fait disparaître les passages dans lesquels la mère disait qu'Alphonse de

Lamartine était certainement le plus bel enfant qu'il y ait eu jamais sur la terre...

Toujours est-il que les témoins, les contemporains, reconnaissaient que Mme de Lamartine ressemblait à ce portrait de sa jeunesse. Il est vrai qu'elle était simple, qu'elle était jolie, qu'elle était fraîche, et quand on est simple, quand on est fraîche et quand on est jolie, comment ne pas plaire à tout le monde !

Il y avait dans son entourage un chevalier qui a fait des vers, qui a fait beaucoup de vers ; malheureusement, leur qualité n'égale pas leur quantité : c'était le chevalier de Bonnard. Il a écrit sur Alix des Roys de petits couplets ; en voici quelques-uns :

> Quant à notre autre chanoinesse,
> Que nous nommons Madame Alix,
> Elle a sans doute aussi son prix.

La rime n'est pas riche !

> Mais quoiqu'elle entende la messe
> Et chante l'office assez bien,
> Qu'elle soit de discret maintien
> Et même qu'elle aille à confesse...

On voit que j'avais raison de supposer tout à l'heure qu'elle s'était peut-être confessée le jour où elle parlait si sévèrement de la vie et d'elle-même.

> O mère...

Il s'adresse à la supérieure du chapitre.

> O mère, tenez pour certain
> Qu'elle a le goût un peu mondain.
> A quinze ans elle était jolie,
> Et spirituelle, et polie,
> S'exprimait avec agrément,
> Quoiqu'un peu trop rapidement,
> Était tout yeux et tout oreille,
> Remarquait, citait à merveille,
> Marchait, dansait légèrement,
> Aimait la bonne compagnie,
> La musique, la comédie,
> Soutenait par le clavecin
> Un son de voix très argentin,
> Jugeait les Beaulard, les Bertin,
> Connaissait les moindres nuances,
> Et l'effet, et les différences
> Des poufs, des chapeaux de satin
>
> D'où je conclus, à juste titre,
> Qu'elle quittera son chapitre,
> Tôt ou tard, pour prendre un époux
> Beau, jeune, riche, aimable et doux.

Non ces vers n'étaient pas excellents, et il est très heureux, pour la gloire de Lamartine, qu'il ait pris pour maître et pour modèle un autre poète que le chevalier de Bonnard. Mais, pourtant, ces vers renfermaient une prédiction, ou des parties de prédiction. La jeune Alix des Roys devait, en effet, se marier ; en cela, Bonnard avait raison. Avait-il raison quand il définissait à l'avance, dans un vers qui les réunit toutes, les qualités du fiancé qu'elle devait épouser ?

Beau, jeune, riche, aimable et doux !

Jeune, je ne sais pas ! Il avait trente-six ans. Il y a quarante ans, j'aurais certainement trouvé qu'il était très âgé ; aujourd'hui, je considère qu'il était véritablement très jeune !

Riche, je peux affirmer qu'il ne l'était guère. Mais il avait été extrêmement généreux et, renonçant au bénéfice des lois nouvelles de la Révolution, il avait abandonné à ses frères et à ses sœurs sa part d'héritage dont il n'avait conservé que la terre et la petite maison de Milly.

Était-il beau ? Lamartine le prétend. Il nous a dit que son père était comme une sorte de fleur de la vie, qu'il avait la taille élevée.

Était-il aimable et doux ? Lamartine nous a dit qu'il avait les traits mâles, une attitude militaire, et qu'il donnait l'impression de l'ordre et du commandement. Il nous dit aussi qu'il n'avait ni légèreté, ni grâce. D'où je conclus, puisque le fils parle de son père qu'il adorait, que ce dernier n'était pas particulièrement gracieux. Enfin, le fils ajoute :

> ... Avec un prodigieux bouillonnement du sang au fond du cœur, il paraissait froid et indifférent à la surface parce qu'il se craignait lui-même et qu'il avait comme honte de sa sensibilité.

ALIX DES ROYS, CHANOINESSE, MÈRE DU POÈTE.

Ces poètes ont véritablement une façon à eux d'arranger les choses ! Je vois, à travers cette phrase et ses nuances complexes, que le chevalier de Lamartine, s'il était froid et indifférent à la surface, n'était pas au fond un homme exceptionnellement aimable, et que sans doute il n'était pas aussi doux que, sans le connaître d'ailleurs, le chevalier de Bonnard l'avait annoncé à la jeune recluse du chapitre de Salles.

Il n'en est pas moins vrai, pourtant, que ce fut un excellent mariage. D'abord, ce fut un mariage d'amour, et je ne suis pas de ceux qui pensent que les mariages d'amour, s'ils commencent bien, finissent mal, et qui croient qu'il n'est pas nécessaire de s'aimer pour être heureux en ménage. Alix des Roys et le chevalier Prat de Lamartine s'aimèrent et ils furent heureux.

Ils se connurent dans des circonstances assez particulières. Il y avait, dans le chapitre de Salles, une demoiselle de Lamartine, Suzanne de Lamartine, qui était vive, spirituelle et instruite. Elle dut souffrir, d'ailleurs, d'être enfermée dans ce chapitre, car il faut dire qu'elle n'avait pas la vocation monacale ni la vocation du célibat, et qu'elle se plaignit toute sa vie de n'avoir pas été mariée. Mais elle sut faire le mariage de sa petite amie, car c'est dans le chapitre de Salles qu'elle connut Alix des Roys. Les deux jeunes filles se plurent. Le couvent était assez largement ouvert, les parents et les amis venaient faire des visites aux jeunes pensionnaires, et c'est ainsi que le chevalier Prat de Lamartine, en venant voir sa sœur Suzanne, rencontra Alix des Roys dont il devint amoureux. Les jeunes gens se virent très souvent, il y eut bientôt un projet de mariage, mais il fallait compter avec les parents. Le père du chevalier Prat de Lamartine ne voulait pas de ce mariage. J'ai déjà dit, qu'il y avait un oncle, celui dont Alphonse de Lamartine a confessé qu'il était terrible, et qui trouvait que la jeune personne, Alix des Roys, n'avait pas assez de fortune. Le père et le frère s'opposèrent donc très énergiquement à ce mariage. Mais une circonstance imprévue et heureuse facilita cette réunion. Mme de Lamartine, la mère. l'a noté dans une page charmante de son manuscrit. Elle écrivait le 6 octobre 1801, alors qu'elle était mariée déjà depuis onze ans et en plein bonheur, elle disait : « Hier, j'avais envie d'écrire dans ce Journal, un peu de langueur m'en a empêchée. Je me rappelais vivement ce que j'éprouvais à pareil jour, il y a douze ans. Comme le temps coule ! C'était le fameux 6 octobre, si désastreux pour la famille royale à Versailles... » Ici, elle raconte qu'elle se trouvait ce jour-là à Chatou, près de Versailles, avec sa mère ; elle parle du tumulte extrême qu'il y avait dans Paris où l'on arrêtait toutes les voitures, et elle dit que même Chatou ne fut pas exempt d'alarmes, parce que M. de Lambert, gendre de Mme Duperron (une amie de son père), était allé faire son service militaire à Versailles et, ajoute-t-elle,

« sa femme et ses filles, qui étaient avec nous, tremblaient pour sa vie. Nous passâmes à Chatou quelques jours et nous partîmes avec Mme de Montbriand qui était comme moi chanoinesse de Salles en Beaujolais, pour venir à Lyon sans passer par Paris. »

Et voici alors la bonne fortune, la fortune imprévue : « Ce fut ce voyage qui acheva de déterminer mon mariage avec le chevalier de Lamartine, que j'aimais et qui m'aimait depuis que nous nous étions rencontrés au chapitre de Salles, chez la comtesse de Lamartine de Villars, sa sœur et mon amie. Ayant été forcées, Mme de Montbriand et moi, de nous arrêter vingt-quatre heures à Mâcon pour faire réparer notre voiture, nous vîmes dans cette ville toute la famille de mon mari qui nous fit mille politesses. Le chevalier de Lamartine était alors à son régiment. Nous passâmes dans l'hôtel de sa famille, à Mâcon, toute la journée. Il paraît que je plus à son père, à sa mère, à ses frères, à ses sœurs. Cela renoua le mariage entre le chevalier et moi, dont il avait été question depuis longtemps et que mille obstacles éloignaient toujours.

« J'aime à me rappeler les détails de cette semaine d'octobre, qui devint l'origine de mon bonheur, et à rendre de nouveau grâces à Dieu, qui me conduisit d'accident en accident jusqu'à Mâcon, où il voulait que notre amour contrarié fût béni et que je fusse heureuse en mari et en enfants. »

Elle fut, en effet, heureuse en mari et en enfants. Le mariage fut célébré le 7 janvier 1790.

Prat de Lamartine avait un âge un peu supérieur à celui que son fils lui a prêté, car il avait trente-neuf ans. Quant à Alix des Roys, elle n'avait que vingt ans.

Je vous ai raconté comment ce ménage, uni un an avant le gros de la tourmente révolutionnaire, fut quelque temps séparé, le mari ayant été enfermé dans la prison de Mâcon. Il fut mis en liberté quelque temps après, et comme il avait renoncé à tous les biens de sa famille, il partit pour Milly, où il alla s'installer avec sa femme et ses enfants.

Comment était la mère de Lamartine ? Celui-ci nous l'a dépeinte dans ses *Confidences*. Il nous a parlé de « sa peau transparente qui laisse apercevoir, sous son tissu un peu pâle, le bleu de ses veines », il nous a parlé de ses cheveux très noirs et très fins. « Ils tombent, dit-il, avec tant d'ondoiements et des courbes si soyeuses le long de ses joues et de ses épaules, qu'il est impossible de dire si elle a dix-huit ou trente ans. » Et alors il ajoute « qu'une telle femme doit faire naître la passion chez son mari et de la piété chez ses enfants ».

Mais Sainte-Beuve est là, en 1849, pour éplucher les *Confidences* ; il n'est pas de ceux qui donnent de bons exemples, mais il est de ceux qui sont toujours portés à donner des conseils et des leçons. Il dit que la piété chaste, sainte et vraiment filiale n'analyse pas ainsi. Et, mon Dieu, pour tout dire et pour rendre hommage à Sainte-Beuve lui-même, que je tiens d'ailleurs, dans son genre, pour un génie unique, je dois bien convenir qu'il y a une certaine indiscrétion, de la part d'un fils, à analyser ainsi les traits de la beauté physique de sa mère. Je suis assez porté à penser, avec Sainte-Beuve, que le fils de Racine s'exprimait sur son père d'une manière plus discrète.

Virgile qui d'Homère apprit à nous charmer,
Boileau, Corneille, et toi que je n'ose nommer,
Vos esprits n'étaient-ils qu'étincelles légères...

Et si Sainte-Beuve avait aimé Victor Hugo plus qu'il ne l'aimait, il aurait pu opposer Victor Hugo à Lamartine. Il vous souvient de la poésie admirable : *Ce qui se passait aux Feuillantines.* Victor Hugo décrit le paysage, et de quelle manière il le décrit ! Il parle de son enfance, il parle de son père, il parle de sa mère, et au moment où il veut la dépeindre, il nous dit simplement : « Ma mère était ma mère... » Et, quelque admiration que j'aie pour Lamartine, je dois dire que, cette fois, je préfère le tact de Victor Hugo.

Mais tout de même il arrive à Sainte-Beuve d'aller un peu loin. Quand Lamartine parle de ce sourire intérieur de la vie, de cette tendresse intarissable de l'âme et du regard, de ce rayon de lumière si serein, de cette raison si limpide, de cette sensibilité qui ruisselait comme une caresse éternelle de son œil un peu profond et un peu voilé, comme si elle n'eût pas voulu laisser jaillir tout l'éclat, toute la clarté et tout l'amour qu'elle avait dans ses beaux yeux, je trouve que, dans cet hommage rendu au caractère de sa mère, Lamartine ne manque pas de tact, et que véritablement Sainte-Beuve est injuste pour lui.

Mais voici où je vais me rapprocher de Sainte-Beuve : c'est à propos de l'éducation que la mère de Lamartine donnait, ou plutôt ne donnait pas à son fils. Voici des passages pris, en quelque sorte, au hasard dans les *Confidences* :

> Mon éducation était toute dans les yeux plus ou moins sereins et dans le sourire plus ou moins ouvert de ma mère. Les rênes de mon cœur étaient dans le sien. Elle ne me demandait que d'être vrai et bon. Je n'avais jamais à lutter ni avec moi-même, ni avec personne.

C'est peu pour une éducation et pour un enfant

de n'avoir à lutter avec personne et de n'avoir pas à lutter avec soi-même.

Tout m'attirait, rien ne me contraignait.

C'est bien, ou c'est moins bien, cela dépend ; mais il est fâcheux de recevoir une éducation dans laquelle on n'est contraint par rien.

Je pensais surtout dans l'âme de ma mère. Elle me mettait le doigt sur toutes choses. L'instruction insensible que je recevais n'était point une leçon, c'était l'action même de vivre, de penser et de sentir que j'accomplissais sous ses yeux, avec elle, comme elle et par elle. Ma mère s'inquiétait très peu de ce qu'on entend par instruction.

Et comme il y a des contradictions dans les souvenirs de Lamartine et dans ses *Confidences*, après avoir dit que la mère ne lui donnait pas à proprement parler une instruction, il ajoute, pourtant, que cette instruction s'inspirait de Jean-Jacques Rousseau et de Bernardin de Saint-Pierre, et il les définit « deux philosophes de femmes parce qu'ils sont les philosophes du sentiment ». La formule est jolie, mais je ne suis pas assuré qu'elle soit très exacte. Passe encore pour Bernardin de Saint-Pierre qui avait du sentiment, je ne sais cependant pas s'il était philosophe autant que le prétend Lamartine. Mais définir Jean-Jacques Rousseau, l'auteur de *L'Inégalité* et du *Contrat Social*, comme un philosophe du sentiment, c'est un peu le diminuer et un peu le raccourcir. Si l'on parle de certaines parties de l'*Emile* et de *La Nouvelle Héloïse*, je veux bien accorder que la définition de Lamartine est fondée, mais elle est, pour l'ensemble, tellement incomplète, que son inexactitude me frappe.

Portrait de Lamartine enfant.
(D'après un crayon de la collection Chéramy).

Lamartine ajoute que l'éducation que lui donnait sa mère se ressentait de Pythagore et de l'*Emile.* Pythagore, je n'en sais rien ; l'*Emile,* c'est possible, mais cela m'étonne, car cette absence d'éducation donnée par la mère de Lamartine à son fils ne ressemblait en rien à l'éducation ordonnée, régulière et méthodique qui s'affirme et se développe dans l'*Emile.* Au fond, je me disais, en lisant ces *Confidences*, que la méthode de Mme de Lamartine était une sorte d'éducation par l'adoration, et je ne croyais pas si bien dire, car, en tournant la page, j'ai trouvé les lignes suivantes :

> Ce n'est que par l'attrait que l'on se sentait dominé auprès d'elle. C'est une supériorité qu'on ne reconnaissait qu'en l'adorant.

Il adorait sa mère, et sa mère l'adorait. Il ne faisait que ce qu'il voulait. Quoique sa mère le surveillât, il lisait à peu près tout ce qu'il voulait lire, et je me demande si Sainte-Beuve n'avait pas raison de dire qu'il avait manqué au berceau de Lamartine, où tant de fées s'étaient réunies pour lui donner tous les dons, la fée du bon sens et du réalisme. Sainte-Beuve eût pu ajouter qu'en 1802, alors que son fils avait douze ans, la mère de Lamartine exprimait, à la suite d'une escapade, une crainte qui révélait ses doutes sur la valeur de ses méthodes d'éducation. « Je crains, disait-elle, de l'avoir trop gâté. »

Je viens de parler de *méthodes* : mais cette pédagogie maternelle n'était rien moins que méthodique. C'étaient des vers qu'on lisait en commun, c'était la nature qu'elle lui expliquait, c'étaient les pauvres qu'elle lui laissait visiter. Certes, il y avait dans cette façon de traiter son fils de quoi faire un cœur noble, désintéressé et généreux, et j'ai trop de respect pour la mémoire de la femme admirable qui eut un fils digne d'elle pour ne pas lui rendre un plein hommage ; mais l'hommage comporte la vérité, et je fais, dans l'éducation de Lamartine, la part qui me paraît juste à l'éloge et à la critique.

En 1786, Mme de Lamartine avait, je vous l'ai dit, commencé à écrire son Journal ; elle l'interrompit pendant de nombreuses années. Mariée en 1790, ce n'est qu'en 1801 qu'elle reprend la plume. Tout de suite, elle parle de son fils. Elle n'a pu le garder auprès d'elle : le père a voulu qu'il eût une autre éducation, et le père n'a fait en cela que la volonté de l'Oncle Terrible. L'Oncle Terrible n'admet pas que l'éducation se donne ainsi à travers champs ; l'Oncle Terrible ne comprend qu'une éducation fermée et cloîtrée ; il veut que son neveu aille dans une pension. Et comme il est l'aîné, et comme reposent sur lui ce que, d'un mot brutal et grossier, on appelle les espérances, il faut à la fois respecter le droit d'aînesse et ces espérances. On envoie donc Alphonse de Lamartine en pension à Lyon. Que dit sa mère à ce moment ?

« C'est un bon et aimable enfant, écrit-elle. Dieu le rendra pieux, sage, chrétien, c'est ce que je désire pour lui avec le plus d'ardeur. »

Car elle est chrétienne, elle est plus que chrétienne, elle est catholique et elle est pratiquante. Elle a peur d'être trop heureuse. A ce moment-là, en effet, les malheurs ne se sont pas abattus sur elle, et voyez la simplicité et la noblesse de cette âme : « Quelles grâces ne devons-nous pas à la Providence ! », écrit-elle un jour. Un autre jour : « Je suis trop heureuse, quelquefois cela m'effraie. Il faut me fortifier dans le bonheur en ne m'y attachant pas. » Quelle admirable formule, et comme il y a là dedans toute une philosophie de la vie ! « Se fortifier dans le bonheur en ne s'y attachant pas ! » Continuer à être heureux si on peut être heureux, mais se rendre compte que le bonheur est une chose éphémère, que la joie est passagère, que les tristesses, que les malheurs, que les ruines peuvent

LAMARTINE A L'AGE DE HUIT ANS.
(D'après un dessin au crayon).

brusquement accabler une vie ! Et elle écrit, un autre jour, cette phrase où il y a aussi une règle d'action qui fut celle de sa vie : « Apprendre à souffrir, n'est-ce pas apprendre à vivre ? »

Son fils se développe. Il a des succès en 1801. Elle va le voir à Mâcon. « Le cœur me bat, dit-elle, quand je pense que dans quelques heures je verrai ce cher enfant ! » Enfin, le voilà ; il est arrivé bien tard.

« J'avais été prier dans le petit oratoire de Mmes Beaupart, religieuses cloîtrées qui ont fait un couvent de leur maison. J'avais besoin de ce recueillement au pied des autels pour calmer mon agitation. Enfin, il est arrivé à la nuit et je trouve mon Alphonse en très belle santé, grandi, engraissé, embelli. Il me paraît qu'il n'a rien perdu de la piété que j'avais tâché de lui communiquer, et c'était toute ma crainte. »

Et puis, 23 septembre : « Nous eûmes toute la famille et M. Blondel (un ami de la maison) à dîner. Nous parlâmes à table beaucoup d'Alphonse. » Et ce mot de la mère à la fois orgueilleuse et inquiète : « Nous lûmes un extrait de ses lectures fait par lui et une petite composition que son père lui avait donnée à faire ; on en fut très content et mon orgueil de mère fut trop caressé. »

Ainsi, quand elle est heureuse, elle redoute son bonheur, quand elle est flattée des succès précoces de son enfant, elle a de l'orgueil, mais elle craint que cet orgueil ne lui nuise. Elle est véritablement une femme délicatement et délicieusement exquise.

En octobre, elle ramène son fils à Lyon. Elle raconte alors ses impressions. Elle en est malade. Rien ne la console de l'idée de ramener, c'est-à-dire d'enfermer son enfant dans la maison d'éducation. « Je passe huit jours chez ma sœur pour revoir plusieurs fois mon pauvre Alphonse qui ne peut s'accoutumer à la prison, et pour m'accoutumer un peu moi-même à cette déchirante séparation. »

Oui, cet enfant, élevé à l'air libre des champs et des vignes, ne peut s'habituer à la pension; mais la « prison » lui pèse. Il cherche un prétexte, il le trouve avec deux de ses camarades, et tout en craignant la sévérité de son père, mais en escomptant, il faut le dire aussi, la tendresse bienveillante de sa mère, il s'enfuit. On le ramène, on l'enferme dans la geôle pédagogique, où il a été brutalement ramené, et puis on comprend qu'on ne peut pas le garder, que l'enfant n'est pas fait pour la sévère discipline de cet internat, et on le renvoie. C'est alors que la mère, d'accord avec le père, et un peu en désaccord avec l'Oncle Terrible, le met dans un pensionnat de Jésuites, à Belley.

Je passe assez rapidement parce qu'il m'est impossible d'analyser ici en entier le livre admirable qui s'appelle *Le Manuscrit de ma Mère.* Et, pourtant, il est des détails que je ne peux manquer d'en extraire, parce que seuls ils peuvent faire connaître à la fois la mère et le fils. En voici un que j'ai relevé autrefois, et qui me paraît, d'ailleurs, présenter un intérêt particulier.

Qui ne sait que Lamartine fut, de 1830 à 1851, un des membres les plus importants du Parlement ? A partir de 1840 il fut l'un des plus grands, et, pour exprimer toute ma pensée, je dis sans hésiter après avoir lu tous les autres, qu'il fut le plus grand des orateurs de la monarchie de Juillet. Je me suis demandé à plusieurs reprises de qui il tenait ce don : je ne l'ai pas trouvé chez son père ; il n'y a donc pas là une hérédité caractéristique. Je ne l'ai pas trouvé non plus chez sa mère, qui écrivait, pourtant, délicieusement bien et parlait simplement. Donc, le 14 septembre 1804, sa mère va le trouver à sa pension. Elle écrit à ce propos : « Il doit jouer un rôle d'orateur demain » (il avait, à ce moment-là, quatorze ans) « dans les exercices que les Jésuites font faire à la fin de l'année d'études, en public, à tous les meilleurs écoliers. Cela me trouble autant que si c'était moi qui devais faire le discours. » Elle ne dit pas si Lamartine est troublé, mais, si j'en crois les *Confidences,* Lamartine, dès ce jour-là, se révéla comme un orateur très maître de lui.

En 1805, Mme de Lamartine est soucieuse ; elle constate qu'Alphonse a des défauts, qu'il est difficile à gouverner. En 1806, elle est fière de ses succès, mais ses inquiétudes la reprennent. Elle trouve que cet enfant se prête très difficilement à la règle, qu'il est indiscipliné. En 1808, il a son premier amour, un amour tout à fait pur, et pourtant, pour l'arracher à la jeune fille qu'il aime, on l'envoie faire en Italie un premier voyage. En 1810, sa mère nous le dépeint dans la pension de Lyon. Il est oisif, il est passionné, il est délicieux, mais elle a peur pour

EDMOND DE VIRIEU.
(D'après une esquisse de Mlle S. de Virieu).

son avenir. Et, en 1811, on l'envoie faire un nouveau voyage à Rome et à Naples, mais ce voyage comportera telles péripéties que la tendresse maternelle n'avait pas prévues.

« Alphonse m'écrit de Rome une lettre enthousiaste. Ses oncles et ses tantes aident à payer les frais de son voyage et ils nous ont donné hier, pour lui, soixante-douze louis. S'il est économe, il pourra, avec cent louis, passer l'hiver à Rome et à Naples. Mais qu'il est jeune et débordant d'imagination pour être ainsi livré à lui-même dans ces pays lointains ! »

Et voici le *post-scriptum* qui paraît révéler chez la mère une réelle absence de clairvoyance, ou, si vous aimez mieux, de prévision :

« J'espère que son ami, M. Edmond de Virieu, ira le rejoindre. C'est un jeune homme plus mûr et qui lui serait utile dans bien des circonstances. »

Il est vrai qu'Edmond de Virieu, qui fut un des grands et des meilleurs amis de Lamartine, alla le rejoindre à Rome et ensuite à Naples ; mais il y a, dans les *Nouvelles Méditations*, une poésie, d'ailleurs admirable, — qui s'appelle *Le Passé*, — où Lamartine dépeint d'une façon discrète la vie qu'Edmond de Virieu et lui mènent à Naples ; en voici un passage :

Combien de fois, près du rivage,
Où Nisida dort sur les mers,
La beauté crédule ou volage
Accourut à nos doux concerts !
Combien de fois la barque errante
Berça sur l'onde transparente
Deux couples par l'amour conduits,
Tandis qu'une déesse amie
Jetait sur la vague endormie
Le voile parfumé des nuits !

Il y a un homme très sérieux, très austère, ayant d'ailleurs beaucoup de talent, qui s'appelle Schérer, et qui, après avoir résumé ces faits, dit très simplement : « En termes vulgaires, cela s'appelle une partie carrée ». Ce n'était pas cette partie carrée qu'avait entrevue Mme de Lamartine quand elle avait envoyé son fils à Naples et à Rome.

En 1813, Lamartine a vingt-trois ans. Pendant qu'il est à Paris, sa mère entre dans sa chambre, elle y trouve un Jean-Jacques Rousseau : elle le relit, elle déclare qu'il y a des passages tendres, délicieux, admirables, mais, en même temps, un peu tard peut-être, elle considère que c'est une mauvaise lecture pour son fils ; elle brûle *La Nouvelle Héloïse* et elle brûle l'*Emile.* Et puis, une nouvelle crainte l'appelle à Paris. Les bruits qui viennent de là-bas ne sont pas très édifiants sur la conduite de son fils. Il s'amuse beaucoup, il joue, il a des dettes, et cela, évidemment, n'était pas entré dans la conception que la mère se faisait de son éducation. Elle va à Paris, elle le voit ; il se jette dans ses bras, il se fait pardonner ; elle lui remet entre les mains la petite somme qu'elle a pu trouver dans ses tiroirs et celle qu'elle a demandée à ses tantes, à l'Oncle Terrible, et elle constate avec satisfaction que son Alphonse n'est pas aussi malade qu'on le lui avait dit. On lui avait représenté Alphonse comme étant fatigué par la vie qu'il menait. En réalité, c'étaient des amis complaisants et bienveillants qui avaient fait venir la mère pour qu'elle exerçât sa bonne influence sur son fils. Mais il faut bien dire qu'à peine arrivée, et s'étant installée non dans l'hôtel de son fils qu'elle ne voulait pas sur-

LAMARTINE EN 1813.

prendre, mais dans un hôtel voisin, elle le vit passer en voiture et en excellente compagnie (je me reprocherais de dire dans une compagnie déplorable), et elle put ainsi constater qu'il jouissait d'une très bonne santé. Elle paya ses dettes, elle congédia les relations trop frivoles et elle ramena son fils à Mâcon.

En 1815, Alphonse de Lamartine n'a pas encore de situation ; il s'engage dans les gardes du roi. Que va-t-il faire ? Il se destine à la diplomatie ; il sollicite des appuis. Sa famille a des relations, mais ces relations n'aboutissent pas à lui faire obtenir l'emploi qu'il désire. Et, pourtant, la mère ne se décourage pas ; elle dit : « Nous avons beaucoup d'espérance ! » Et elle marque quelle est la situation de son fils. Mais voici un fait qui m'étonne : il s'est passé en 1814 et en 1815, dans la vie de Lamartine, un incident dont il n'est question ni dans le Journal de sa mère, ni dans les *Confidences*, ni dans les *Nouvelles Confidences*, ni dans les *Mémoires*, ni dans aucun des écrits de Lamartine. Lamartine, en 1814, a été candidat à une sous-préfecture, cela on le savait ; il y a une lettre de lui qui le dit. Mais les démarches qu'il a faites étaient jusqu'ici inconnues, et comme l'eau va toujours à la rivière, un collectionneur, M. Vauthier, professeur au lycée

Janson, a bien voulu me donner communication de certains documents qu'il avait récemment réunis.

Voici une lettre adressée à M. de Fontenilles, secrétaire général du ministère de l'Intérieur, membre de la Chambre des députés :

« Monsieur Alphonse de Lamartine, de Mâcon, maire, depuis quatre ans, de la commune de Milly (Saône-et-Loire), garde du corps de Sa Majesté, ayant suivi le roi à Béthune et ayant quitté la France pour son service, a adressé à M. le baron Pasquier une demande de la sous-préfecture de Louhans. M. de Barante, dont il a l'honneur d'être connu, lui donna, à cette époque, les espérances les plus positives. M. de Rigny, préfet de Saône-et-Loire, où se trouve la sous-préfecture de Louhans, daigna écrire en sa faveur à Son Excellence.

« M. de Lamartine a adressé de nouveau sa demande apostillée par la députation de ce département... à M. le comte de Vaublanc, ainsi que plusieurs titres en sa faveur, et, entre autres, une lettre confidentielle de M. le comte Germain, ancien préfet de Saône-et-Loire, à Son Excellence le ministre de l'Intérieur.

» M. de Rigny a donné à M. de Lamartine l'assurance de le porter au nombre des candidats pour ladite sous-préfecture. M. de Lamartine, qui a l'honneur d'être particulièrement recommandé à

M. de Fontenilles par M. Doria, député de Saône-et-Loire, ose réclamer ses bontés et le supplie de lu être favorable auprès de Son Excellence. »

Quelle est la date de cette lettre ? Elle ne porte pas de date. Lamartine avait été nommé maire par arrêté préfectoral du 6 mai 1812. Il fut révoqué, – oh ! non pas du tout pour des faits blâmables, mais uniquement parce qu'il ne résidait pas dans la commune, – il fut révoqué, dis-je, le 25 avril 1815. Ainsi il fut maire pendant trois ans. Comme il voulait faire valoir ses titres et que, d'ailleurs, l'inexactitude était un don qui allait chez lui jusqu'au génie, il ne manqua pas de dire qu'il était depuis quatre ans maire de la commune de Milly. Donc, c'est antérieurement au 25 avril 1815 qu'il a adressé sa demande. On voit toutes les recommandations qu'il a pour lui : un préfet qui le présente, un ancien préfet qui le recommande, un ancien ministre, le député de l'arrondissement, toute la députation du département. Eh bien ! il faut dire la vérité, toutes ces recommandations, toutes ces autorités, toutes ces apostilles n'émeuvent pas le secrétaire général du ministère de l'Intérieur. Et, sans que je veuille faire une comparaison, je dois dire que ceci est à l'honneur, sinon de la monarchie, du moins de celui qui la représentait à ce moment-là, car qu'a-t-il écrit au dos de la lettre qui recommandait si chaudement Lamartine ? Il a mis simplement ceci : « Classer et répondre. Réponse polie. Dire que le ministre seul s'occupe de ces sortes de demandes. »

C'est ainsi qu'en 1814 la demande de Lamartine fut classée, et c'est parce qu'elle avait été classée et qu'elle n'avait pas abouti que Lamartine revient à la charge dans le courant de 1815. Il y a, dans sa correspondance, une lettre à l'Oncle Terrible, qui trouve ici sa place.

J'aurais, écrit-il, un grand désir et surtout un grand besoin d'être placé. Je commence à craindre que je ne m'y sois pris trop tard et que je ne puisse pas l'être à présent d'une manière convenant à ma position. Je ne me ralentis point, cependant : Je fais toujours comme si je devais réussir afin qu'au bout de l'aventure je puisse rejeter tout mon malheur sur la fortune. M. de Beaurepaire, un député de Louhans, me dessert beaucoup parce que j'ai le malheur d'être de Mâcon. J'attends impatiemment l'issue de tout cela.

Et alors, à son insu, sa mère écrit une lettre [1] au ministre de l'intérieur :

« MONSEIGNEUR,

« Pardonnez, je vous supplie, l'extrême liberté que je prends de m'adresser directement à Votre

1. Communiquée par M. Vauthier.

Excellence. Mais je sais que vous êtes parfaitement bon, ainsi je vous supplie de dérober un moment à vos hautes et importantes fonctions pour vous occuper d'une affaire qui me tient bien vivement au cœur.

« J'ai un fils, Monseigneur, qui a l'honneur d'être connu de vous, que vous avez accueilli avec une bonté qui l'a pénétré de reconnaissance. Ce n'est pas à une mère à faire l'éloge de son fils... mais, Monseigneur, daignez vous informer de son esprit, de ses talents, de son dévouement au roi, de la manière dont il s'est toujours conduit, de notre famille.

« M. de Vaublanc, qui a habité longtemps Mâcon, M. le comte Germain, qui a été notre préfet, M. de Rigny, notre préfet actuel, les députés de notre département, tous vous diront, je crois, que mon fils est digne de vos bontés. Il aspirait à la sous-préfecture de Louhans, il se croyait presque sûr de l'obtenir de Votre Excellence ; j'étais heureuse de penser qu'il allait être placé d'une manière convenable à sa naissance et à ses goûts, que les talents qu'il a reçus de la Providence (les talents de Lamartine pour être sous-préfet !), la bonne éducation que nous avons tâché de lui donner, allaient le rendre utile à son pays et à son roi. Mon orgueil de mère s'exaltait... lorsque j'ai appris que M. de Beaurepaire, député de l'arrondissement, élevait des difficultés sur sa nomination et avait engagé des députés à présenter une demande pour une personne qu'il protégeait particulièrement. La seule objection contre mon fils est qu'il est mâconnais. Il me semble qu'elle est bien mal fondée jusqu'à présent, puisque aucun sous-préfet n'a été pris dans son arrondissement.

« D'ailleurs, si l'on avait besoin d'un garant de l'intérêt de mon fils, il a une sœur mariée dans le Louhannais et qui y a toutes ses possessions. Il me semble même (voilà le passage sur lequel je voulais appeler votre attention) qu'il serait bien plus avantageux de n'avoir pas quelqu'un précisément du pays, puisqu'il y a beaucoup de petits intérêts particuliers auxquels il est bien nécessaire qu'un administrateur soit absolument étranger. »

Entre un député qui veut un sous-préfet pris dans l'arrondissement, et la mère de Lamartine qui dit qu'il est bon de n'être pas de l'arrondissement que l'on administre, vous pensez bien que, comme ancien ministre de l'Intérieur, c'est à la mère de Lamartine que je donne absolument raison. Et c'est elle, en effet, qui a raison de dire qu'il vaut mieux que le sous-préfet, s'il veut se consacrer à l'intérêt général, n'ait pas des intérêts particuliers dans l'arrondissement qu'il administre. Mais ce n'était pas l'opinion de M. de Beaurepaire, le député de l'arrondissement de Louhans.

« Permettez-moi, Monseigneur, de joindre à ma lettre celle que mon mari a reçue aujourd'hui de M. de Beaurepaire. (C'est le député en question.) Vous y verrez, si vous avez la bonté de la lire, que, quoiqu'il ne veuille pas rétracter ses précédentes démarches, il n'en fera plus de nouvelles pour son protégé.

« Je suis aussi convaincue que M. de Rigny (c'est le préfet), qui n'a placé mon fils qu'en troisième sur la liste de présentation, — ce sont différentes circonstances qui l'y ont forcé, — ne serait pas du tout fâché si Votre Excellence le considérait comme le premier en le nommant. Je suis sûre qu'il a écrit dans ce sens à MM. les députés.

« Veuillez donc, Monseigneur, nous accorder notre demande. Soyez le protecteur d'une famille nombreuse, considérée, je peux le dire, dans tout le département, et dont les opinions et la conduite ont toujours été telles qu'elle a été portée en troisième sur la liste de présentation faite au roi des familles recommandables par leur naissance et par leur inclination.

« Je fais peut-être, Monseigneur, une chose bien inconvenante en vous écrivant avec cette liberté et comme à un simple particulier. La réputation de votre bonté m'a donné cette confiance. Je vous avouerai même que je fais cette démarche à l'insu de ma famille, dont je crains d'être blâmée. Aussi je vous supplie de m'en garder le secret et de brûler la lettre de M. de Beaurepaire.

Méditations.
(Vignette pour les œuvres de Lamartine).

« Chacun cherchait des moyens de vous intéresser, et moi j'ai osé m'adresser directement à vous. Mille fois pardon, Monseigneur, ayez de l'indulgence pour une pauvre mère qui désire avec passion voir ouvrir à son fils une carrière honorable et utile dont elle le croit capable. »

Je commente de nouveau et j'insiste. En 1815, alors que Lamartine a vingt-cinq ans, qu'il a écrit, sans les avoir publiées, quelques-unes de ses *Médi-*

tations les plus admirables, voilà sa mère inquiète de le voir sans situation, et qui considère qu'il sera utile et honorable pour lui d'être sous-préfet. Je veux bien que cela soit utile, puisque Lamartine n'avait pas de situation. Je me garderai bien de dire que cela ne fût pas honorable, car il est très honorable d'être sous-préfet, mais quelle tristesse tout de même de voir la mère d'un tel homme solliciter ainsi le ministre de l'Intérieur !

D'ailleurs, la mère de Lamartine se trompait en tout. Elle avait mis sa confiance dans le préfet, M. de Rigny. M. de Rigny avait présenté cinq candidats, disait-elle, et son fils était le troisième. En réalité, le préfet en avait présenté six et Alphonse de Lamartine n'était que le cinquième. Et, voici qui est à l'éloge du vieux régime, le ministre de l'Intérieur montra une très grande indépendance : il nomma un candidat ne figurant pas parmi les six qui lui étaient présentés.

Toujours est-il que Lamartine, fort heureusement, ne fut pas sous-préfet. Sa mère continua à se chagriner en voyant qu'il ne pouvait pas obtenir de situation. Il en sollicita une dans la diplomatie.

Nous arrivons enfin à 1820, l'année glorieuse. C'est la première grande date dans la vie de Lamartine et dans la vie de sa mère.

Harmonies.
(Illustration pour les *Harmonies*).

Au mois de mars, Lamartine publie les *Méditations*. Les *Méditations* ont un succès énorme. Au hasard des souvenirs, voici un témoignage : M. de Talleyrand prend le volume, il passe la nuit à le lire. Et quand M. de Talleyrand passe une nuit à lire des vers, on peut supposer que les vers ne sont pas mauvais, et Alphonse de Lamartine disait, avec justesse, que l'insomnie de M. de Talleyrand avait été un hommage.

Au mois d'avril, Lamartine est nommé attaché à la légation de Naples. Au mois de juin, il se marie. Ce fut un heureux événement que ce mariage ; nous en parlerons plus loin. Et ainsi voilà, par les *Méditations*, — succès immense, — par la nomination dans la diplomatie, et enfin par le mariage, voilà une année exceptionnelle dans la vie de Lamartine.

En 1824, il échoua à l'Académie française. Sa mère en éprouve la peine que j'ai dite, parce que c'est elle qui l'a poussé imprudemment à poser sa candidature. Elle escompte la voix d'un compatriote, M. de Lacretelle, un historien. M. de Lacretelle a-t-il promis sa voix ? La mère s'est-elle trompée ? Voilà dès ce moment, et je crois bien depuis la fondation de l'Académie, des histoires dans lesquelles on ne sait jamais complètement la vérité. On promet sa voix à celui-ci, on la promet à celui-là, il advient qu'on la promet à un trosième, et il en est des voix pour l'Académie comme pour les sous-préfectures : c'est quelquefois un quatrième qui obtient la place.

Donc, Lamartine échoua à l'Académie en 1824, et il publia les *Nouvelles Méditations* ; il publia *Le Chant du Sacre*, qui lui valut une histoire fâcheuse parce qu'après n'avoir pas parlé du duc d'Orléans, il en parla en des termes que le duc d'Orléans considéra comme une injure. En 1826, il commença à écrire les *Harmonies*. Cette année-là, sa mère, dans son Journal, se loue de ses bontés, elle est fière de son fils et elle est heureuse surtout de constater que le succès et que la gloire n'ont pas altéré la tendresse filiale qu'il lui manifeste.

En 1829, elle vient à Paris, et là elle éprouve la joie la plus grande de sa vie : elle voit vraiment combien son fils est admiré, elle constate la situation extraordinaire qu'il s'est déjà assurée. Elle est présentée à Mme Récamier ; on lui présente Mme de Chateaubriand. Je crois bien, d'ailleurs, qu'elle assista à la lecture d'une pièce de Chateaubriand, *Moïse*, qui n'est pas d'ailleurs parmi les œuvres les meilleures que l'illustre écrivain nous ait léguées. Elle est donc heureuse et fière. Elle rentre dans son Milly, elle écrit sur son fils des pages admirables dans lesquelles elle dit sa fierté, son bonheur, sa joie de l'avoir mis au monde.

Quelques semaines, quelques mois s'écoulent, et elle meurt dans des conditions épouvantables. Un jour, prenant son bain, elle veut le réchauffer ; elle ouvre le robinet qui verse l'eau chaude, le robinet résiste, elle le soulève, et alors des flots d'eau bouillante viennent sur elle. Elle perd la tête et, au lieu de sortir de la baignoire, elle cherche toujours à ramener le robinet. On la sort de la baignoire dans l'état qu'on devine. Quelques jours après, elle était morte.

LA MÈRE DU POÈTE.

Il y a, à ce sujet, dans la correspondance de son fils, des pages véritablement admirables par leur émotion. D'ailleurs, permettez-moi de vous donner un conseil : lisez la correspondance de Lamartine, elle n'est pas complète et j'en fais le reproche à la mémoire de sa nièce, Valentine de Lamartine, qui ne l'a pas publiée en entier ; mais telle quelle, et dans ses quatre gros volumes, elle nous révèle une âme. Lamartine, depuis ses jeunes années, s'y dépeint en quelque sorte tous les jours tout entier. Quand il perd sa mère il écrit à ses amis, il pousse des cris terribles, sa douleur est effrayante, il semble que sa vie soit brisée. J'ai trouvé, autrefois, une lettre qu'il écrivait à la princesse Borghèse, son amie, et comme elle n'est pas dans la *Correspondance*, je la reproduis ici.

Vous aura-t-il fait (il parle d'un ami) mes douloureuses commissions ? Je ne puis jamais dire à personne et jamais le dire à moi-même, ce que c'est pour moi qu'une pareille perte. Il faut, pour la comprendre, avoir vécu trente ans avec une créature vraiment surhumaine et avoir été comme moi la pensée de toute sa vie, le sentiment de toute son âme. Je puis dire que, désormais, je vivrai moitié moins. C'est la mort de tout mon passé, une partie si douce de mon avenir ! Je n'ai heureusement pas à me reprocher de ne l'avoir pas senti quand elle vivait... Je ne lui ai pas causé une minute de chagrin volontaire, excepté par les légèretés de ma jeunesse qu'elle me pardonnait avant que je me les fusse pardonnées à moi-même. C'était la vertu la plus indulgente que j'ai vue.

Avant la mort de sa mère, il avait été élu à l'Académie française. Il n'avait pas posé de nouveau sa candidature, conseillé par sa mère ; il estimait, d'ailleurs, qu'il n'avait pas de nouvelle visite à faire ; il écrivit des lettres. L'Académie française compris que l'homme qui avait écrit les *Méditations*, les *Nouvelles Méditations* et *La Mort de Socrate* devait entrer dans son sein pour en être une illustration. Et quand il vint à l'Académie pour y prononcer son discours de réception, il rendit un hommage ému à la mémoire de sa mère. Il parlait à l'Académie du tribut de reconnaissance et de bonheur qu'il lui devait, et il disait :

> Mon bonheur ! j'en avais alors. Toutes ces joies de l'esprit, de la famille, de la patrie, étaient doublées pour moi, elles se réfléchissaient dans un autre cœur. Ce temps n'est plus. Aucun des jours d'une longue vie ne peut rendre à l'homme ce jour fatal où, dans les yeux de son cher ami, il lit ce qu'aucune bouche ne saurait prononcer : « Tu n'as plus de mère ! » Toutes les délicieuses mémoires du passé, toutes les tendres espérances de l'avenir s'évanouissent à ce mot, qui étend sur sa vie une ombre de mort, un voile de deuil que la gloire elle-même ne pourrait plus soulever. Ses joies, ses couronnes, qu'en fera-t-il ? Il ne peut plus les rapporter qu'à un tombeau !

Hélas ! comme Lamartine avait raison ! La vie est dure. Il y a des joies qui portent un crêpe et qu'on ne peut rapporter qu'à un tombeau. Mais il faut vivre ! Qu'on vive par delà les tombes, qu'on vive par l'action, qu'on vive pour soi, qu'on vive si on en est digne, surtout pour les autres.

Lamartine était digne de vivre pour les autres.

Quand il perdit sa mère, en 1829, il avait quarante ans ; il lui restait encore quarante ans à vivre. Il lui restait à publier les *Harmonies*, *Jocelyn*, *La Chute d'un Ange*, *L'Histoire des Girondins*, *La Vigne et la Maison* ; il lui restait à prononcer ses discours admirables ; il lui restait à vivre les journées sublimes du mois de février 1848, et surtout il lui restait à être digne de son père et de sa mère.

Le tombeau d'une mère.

Un confident, un homme qui a vécu auprès de lui pendant près de trente ans, Dargaud, a comparé le père et la mère. « Elle était aussi flexible et aussi délicate que son mari était robuste et presque athlétique. Dans ses robes de soie négligées, sous ses cheveux qui tombaient de son front pur, elle était la grâce même. Rien n'égalait sa diplomatie toujours droite et adroite, toujours triomphante. Une négociation pour elle était une victoire ; toute tentative faite était un succès. Elle avait transmis à M. de Lamartine cette fascination ; pour elle comme pour lui, c'était un don. »

Et, un jour que Dargaud interrogeait Lamartine sur les influences qu'il avait reçues, Lamartine disait :

> J'ai hérité de mon père une certaine bravoure de tempérament et une entière honnêteté ; de ma mère, je tiens assez de finesse et une sensibilité dont toutes les notes sont justes.

Je crois que Lamartine définissait exactement les influences qu'il avait reçues de son père et de sa mère. Oui, de son père il avait reçu, non pas une certaine bravoure de tempérament, — le mot est atténué, — mais une grande bravoure de tempérament, et il avait certainement reçu une entière honnêteté, car son honneur fut inflexible, et s'il y eut des erreurs dans sa vie, il n'y a aucune faiblesse qui soit une tache pour cette vie admirable. De sa mère il avait reçu de la finesse et de la sensibilité, « une sensibilité dont toutes les notes sont justes ». Ce sont ces notes justes qui ont exprimé la sensibilité maternelle et celle du fils dans ces chefs-d'œuvre immortels que sont les *Méditations*, les *Harmonies* et *Jocelyn*.

Ah ! quel joli nom, et glorieux, et harmonieux, que le nom de Lamartine ! Il commence en force et il s'achève en grâce ; il est certainement l'un des noms les plus délicats et les plus purs qui puissent descendre des lèvres humaines. Et quel homme admirable ! Voilà plus de cinquante ans qu'il est mort. En cinquante ans, on peut faire l'inventaire d'un homme et d'une œuvre, et la gloire de Lamartine est telle que je n'en sais pas pour ma part de plus grande et de plus belle : il me semble que, pour la définir tout entière, il faut remonter au temps miraculeux de la Grèce du ve siècle. A ce moment, dans ce pays et dans ce temps bénis, un homme pouvait enfermer en lui plusieurs hommes, et un génie pouvait avoir en lui plusieurs sortes de génie. Lamartine est de ceux-là. D'autres furent des orateurs, des poètes, des héros, mais lui a eu un privilège unique : c'est d'avoir été à la fois, et à un degré que personne n'a dépassé, un orateur, un poète et un héros.

III

ELVIRE

Je vais maintenant conter une histoire vieille d'un siècle. Elle est vieille, mais elle est immortelle et défie le temps. Les siècles passeront sur elle sans l'effacer. Tant qu'il y aura des esprits cultivés et des cœurs amoureux, elle enchantera les esprits et elle passionnera les cœurs. Au fond, pourtant, et à bien la prendre, elle est une simple et presque vulgaire aventure d'amour ; mais le génie ressemble au soleil ; il transforme tout ce qu'il touche.

> Il lègue à ceux qu'il aime une éternelle vie,
> Et l'amante et l'amant, sur l'aile du génie,
> Montent d'un vol égal à l'immortalité.

Ces vers sont d'Alphonse de Lamartine.

Sa rencontre avec Elvire fut l'épreuve suprême d'où son génie se dégagea, par laquelle il s'affirma, et, comme nul ne s'est plus raconté que le grand poète, il dit lui-même « qu'il connut ainsi la pointe de feu des grandes passions ».

Il ajoute :

> L'amour fut, pour moi, le charbon de feu qui brûle, mais qui purifie les lèvres. Je n'avais connu sous ce nom que ses grimaces, ses coquetteries, ses légèretés ou ses profanations.

Voilà bien des mots qui se succèdent, et, à vrai dire, jusqu'en 1816, Lamartine avait, en effet, connu beaucoup de coquetteries, beaucoup de grimaces : il avait eu beaucoup de légèreté, et, pour retenir son aveu, il s'était, en matière d'amour, livré à beaucoup de profanations.

A l'âge de dix-huit ans, il fut pris d'un amour sincère pour une jeune fille de Mâcon ; même, il voulut l'épouser ; mais, en réalité, c'était une de ces inclinations enfantines et très innocentes qui sont, a-t-il dit encore, « les pressentiments plus que les explosions de l'amour ». Depuis cette époque, il alla de fleur en fleur et de belle en belle, et quand, sans originalité personnelle, il imitait Parny, dont il ne se dégagea qu'aux environs de 1817 ou 1818, il disait à de Virieu, au mois d'avril 1810 :

> Ah ! donne-moi Lucrèce de quinze ans
> Simple et gentille, et pourtant point volage,
> Que j'aime bien, qui m'aime davantage...

Et il ajoutait :

Il me suffit d'être aimé d'une belle,
Il me suffit d'être vanté deux jours.

L'un de ces vers pourrait être sa devise : « J'aime bien qui m'aime davantage. » Il aimait bien, mais il aimait surtout à être aimé.

En janvier 1812, il avait vingt-deux ans. Il fut envoyé par sa famille en Italie et il y rencontra une jeune fille, presque une enfant.

Sur la plage sonore où la mer de Sorrente
Déroule ses flots bleus au pied de l'oranger...

Cette jeune personne, fille d'un pêcheur de Procida, était, en réalité, une simple plieuse de cigarettes. Lamartine était descendu dans la maison d'un ami de sa famille, qui était le directeur de la manufacture de tabac, et, à l'heure de la sortie, il suivait les jeunes filles qui travaillaient dans les ateliers. C'est ainsi qu'il connut la petite cigarière qu'il devait immortaliser.

Je raconterai comment, un jour, la véritable Elvire, jalouse de celle que Lamartine avait aimée avant elle, posait des questions à l'ami le plus intime du poète, à de Virieu, et comment de Virieu lui répondit :

— C'était une excellente petite personne.

Ce n'était, en effet, qu'une excellente petite personne. Elle aima Lamartine ; mais lui, l'aima-t-il ?

Il a encore écrit :

> Je pressentis ce que c'était qu'aimer, et je pris ce pressentiment pour de l'amour. Hélas ! ce n'était pas le complet amour, ce n'en était en moi que l'ombre.

Dans les lettres qu'à cette époque il envoyait à ses amis, dans cette correspondance intime où il se dépouillait, en quelque sorte, tout entier, où il faisait part à de Vignet et à de Virieu de toutes ses aventures, de ses pensées, de ses impressions, de ses espérances, de tous les accidents et de tous les incidents de sa vie, il ne fait pas allusion à la petite cigarière. Il y a une lettre de lui où, revenant d'Italie et passant à Milan (cette lettre est du mois d'avril 1812, elle date donc de quelques semaines après qu'il eut quitté sa petite amie), il raconte à de Virieu qu'il a un appétit enragé, qu'on lui a porté dans sa chambre un excellent bouilli, un succulent rôti, un fricandeau et des champignons ; il dit qu'il a mangé de tout, ce qui n'indique pas qu'il éprouvât une très grosse peine d'avoir quitté sa jeune compagne. Et comme il ne recule jamais devant un aveu, il ajoute :

Depuis que je t'ai quitté, je n'ai eu que dix ou douze indigestions.

GRAZIELLA.

L'amour, dans tout cela, ne tient guère de place.

Cette charmante jeune fille, il l'a surtout aimée quand elle a été morte. Il a écrit, dans les *Confidences*, des chapitres délicieux sous le titre de *Graziella*, — c'était le nom de la jeune plieuse de cigarettes.

Cette Graziella, qu'il a chantée en prose dans les *Confidences*, il l'a chantée en vers dans les *Méditations*, il l'a chantée dans les *Harmonies*, où il lui consacre, dans la pièce appelée *Novissima Verba*, quelques-uns des vers les plus larges, les plus beaux et les plus émouvants qu'il ait écrits :

C'était aux premiers jours de mon précoce été,
Quand le cœur porte en soi son immortalité,
Quand nulle feuille encor par l'orage jaunie
N'a tombé sous nos pas de l'arbre de la vie,
Quand chaque battement qui soulève le cœur
Est un immense élan vers un vague bonheur...

Et à soixante-sept ans, en 1857, il évoque encore, dans des strophes admirables, ce souvenir de sa jeunesse sous le titre de : *La Fille du Pêcheur.*

Jeune fille aux longs cils, c'est à toi que je pense...

Nous avons vu que, dans les *Confidences,* il l'a appelée Graziella. Il a parlé d'elle dans les *Méditations Poétiques,* où il y a une pièce qui est dédiée à Elvire, et cette pièce, absente de la première édition, qui est de 1820, est comprise dans la deuxième qui est de 1823 :

Que restera-t-il d'elle ? A peine un souvenir.
Le tombeau qui l'attend l'engloutit tout entière.
Un silence éternel succède à cet amour,
Mais les siècles auront passé sur ta poussière,
 Elvire, et tu vivras toujours.

Les siècles ont passé, en effet, sur la poussière d'Elvire, et elle vit toujours ; mais cette Elvire, c'est Graziella.

Il y a eu une seconde Elvire : celle dont Lamartine parle dans une autre pièce des *Méditations* : *L'Immortalité.*

Après un vain soupir, après l'adieu suprême
De tout ce qui t'aimait, n'est-il plus rien qui t'aime ?

Il y a donc deux Elvire dans les *Méditations Poétiques*. Celle a qui est dédiée la pièce qui porte ce nom est Graziella, et l'autre, celle dont il est question dans *L'Immortalité*. Émile Faguet a relevé le double emploi de ce nom, et, rappelant la boutade d'une femme de beaucoup d'esprit, il remarque que le poète a fait comme ces maîtresses de maison qui donnent à toutes leurs bonnes successives le nom de Marie pour ne pas charger leur mémoire. Il ajoute, il est vrai :

Je ferai remarquer, que cela semble avoir été l'habitude des poètes antiques et classiques.

Et, en effet, il est souvent arrivé à Horace, à Tibulle, à Catulle, aux poètes amoureux, de désigner sous le même prénom une série quelquefois illimitée d'amours fugitives.

Quand il rencontre Elvire, Lamartine est âgé de vingt-six ans. Comment est-il, à ce moment ? Je citerai, pour le dépeindre, un passage d'Anatole France. Il y dépeint Lamartine, « pauvre et de grande mine, très beau, d'une éloquence magnifique, avec un charme d'abandon et de langueur ;

religieux par sentiment, royaliste avec négligence, ambitieux non sans fierté, et sentant confusément son génie, amoureux surtout de ses rêves, et plus capable peut-être d'amitié que d'amour ; en apparence, agité et emporté par les passions ; au fond, très maître de lui. »

LAMARTINE EN 1818.

Voilà, en quelques lignes, un portrait admirable ; il n'est pas moins ressemblant. Je me garderai bien de dire que Lamartine ne fut pas capable d'amour ; je pense pourtant, je l'ai déjà indiqué d'un mot, qu'il aimait surtout ses maîtresses quand elles étaient mortes ; mais, ce qui est bien certain, c'est qu'il était au plus haut degré capable d'amitié. Il était agité et il était emporté par les passions ; mais au fond, il était très maître de lui-même, et, quelque incertitude qu'il marquât sur la conduite de sa vie, il savait mieux la diriger qu'il ne semble à lire sa *Correspondance* ou ses *Confidences*. D'ailleurs, voici une lettre de lui, qui est du 28 juin 1816 ; elle précède de deux mois à peine sa rencontre avec la femme qui devait jouer dans sa vie un rôle si important, qui devait lui donner la conscience de son génie, et qui devait donner à ce génie son essor.

J'ai été d'abord plongé dans les antichambres et même dans les salons de grands personnages, dit-il, dont le crédit m'est nécessaire et s'est évanoui comme une douce fumée entre mes mains malhabiles.

Il vous souvient que Lamartine avait été candidat successivement, ou en même temps, à une sous-préfecture et à un poste de diplomate. En réalité, il n'avait de vocation particulière ni pour la diplomatie ni pour l'administration ; mais il n'était pas riche, il était désœuvré, et il faisait antichambre chez de grands personnages qui le méconnaissaient.

Je me suis jeté alors, dit-il encore, avec une fureur nouvelle, dans le sein des Muses. Ces divinités douces et consolantes m'ont mieux traité, du moins je l'espère, et je leur consacre désormais, sans inconstance, les restes d'une existence à moitié usée.

Dans la même lettre, il annonce à son ami de

Virieu qu'il a fait imprimer pour quelques amateurs quatre petits livres d'élégie, — un petit volume, dit-il, qui contient des études, des bagatelles juvéniles : *Libreria*. En réalité, ces poésies, il les brûla un peu plus tard ; elles n'ont pas paru, elles n'ont pas été imprimées.

Hélas ! ces chères compagnes de ma vie n'ont pu éloigner de moi ni les ennuis, ni les soucis, ni les embarras, ni les chagrins de toute nature qui ont continué à m'assaillir.

Il éprouve, en effet, des embarras qui pèsent sur sa vie ; il est fatigué, il est accablé par l'incertitude de son destin ; il s'est dépensé, et de toutes façons.

Il vous souvient que sa mère est allée le chercher à Paris pour le ramener dans l'atmosphère bienfaisante de Milly, la terre natale. Il a des dettes, il en a eu très jeune, et hélas ! il a continué à en avoir très vieux. Par-dessus tout, il est malade, il souffre d'une maladie de foie. Il est allé, c'est son expression, « se radouber » chez un oncle, dans un désert, à Monculot, près de Dijon.

M. Pinel, mon médecin, m'a trouvé une obstruction au foie, suite de travail et de chagrin. Si elle n'est pas dissipée au mois d'août, il m'a ordonné l'air du Midi.

L'heureuse et bienfaisante maladie de foie ! Le

brave médecin ! Comme il a été opportun que Lamartine n'ait pas été guéri au mois d'août ! S'il avait été guéri, il ne serait pas allé à Aix-les-Bains ; s'il n'était pas allé à Aix-les-Bains, il n'aurait pas rencontré Elvire, il ne lui aurait pas consacré des chefs-d'œuvre. Je me rends d'ailleurs

Le chateau de Montculot, appartenant
a Louis-François de la Martine, grand-père du poète.

bien compte que ces hypothèses ont quelque chose d'un peu hasardeux. Car si Lamartine n'était pas allé à Aix-les-Bains, il serait certainement allé ailleurs ; s'il n'avait pas rencontré Elvire, il en aurait certainement rencontré une autre, et il aurait aimé l'autre. Je ne suis pourtant pas certain qu'il aurait fait les admirables vers qu'il a consacrés à l'Elvire véritable, car, je l'ai dit, il aimait surtout ses maîtresses quand elles étaient mortes, et s'il avait rencontré ailleurs qu'à Aix-les-Bains une femme bien portante, peut-être n'aurait-il pas écrit quelques-uns des chefs-d'œuvre des *Méditations Poétiques*.

En 1814, dix-huit mois auparavant, il écrivait à de Virieu une lettre dont je vais vous transcrire un passage. Je n'hésite jamais à citer Lamartine ; il se dépeint lui-même avec une franchise entière dans sa *Correspondance*. Pour les *Confidences*, je fais des réserves ; pour *Raphaël*, je fais presque plus que des réserves ! Parmi tous les dons de Lamartine, il en est un qu'il poussait au plus haut degré : c'était le don de l'inexactitude. Il était généralement inexact, involontairement mais certainement inexact, quand il racontait ses souvenirs. Heureusement que sa *Correspondance* est écrite au jour le jour ; il y dit exactement ce qu'il éprouve, et c'est pour cela qu'elle est le meilleur témoin de la vie, des impressions, des sentiments, des espérances de Lamartine.

Donc, le 30 novembre 1814, il écrit à de Virieu :

Oh ! combien l'on vaut mieux dans la retraite des champs, ne fût-ce qu'au bout de trois jours, que partout ailleurs ! Combien l'âme reprend de ton et le cœur de puissance !

Combien l'imagination s'agrandit et se réchauffe ! Je me reconnais et je retrouve autour de moi mille sensations oubliées.

Il est revenu à la terre natale, il est revenu à Milly :

> Le croiras-tu ? Je sens mon cœur aussi plein de sentiments délicieux et tristes que dans les premiers accès de fièvre de ma jeunesse. Je ne sais quelles idées vagues, et sublimes, et infinies, me passent à travers la tête à chaque instant, le soir surtout, quand je suis, comme à présent, enfermé dans ma cellule et que je n'entends d'autre bruit que la pluie et le vent. Si, pour mon malheur, je trouvais une de ces figures de femme que je rêvais autrefois, je l'aimerais autant que nos cœurs auraient pu l'aimer, autant que l'homme sur la terre aimât jamais. Mon cœur bondit dans ma poitrine, je le sens, je l'entends ! Dieu sait tout ce qu'il contient et tout ce qu'il désire. Pour moi, je jouis et je souffre de cet état, et je sens tomber quelques larmes. Oui, si cela durait, il faudrait sans doute mourir ; mais je mourrai, du moins, avec quelques sentiments nobles et vertueux dans l'âme.

Cette femme, il la rencontre dix-huit mois après. Il l'aime. L'aime-t-il autant qu'homme sur la terre aima jamais ? Vous en jugerez. Il avait une façon d'aimer à lui qui n'est pas toujours la façon que les femmes désirent, et je n'ai pas l'impression que, pendant qu'Elvire mourait, son cœur (je parle de celui de Lamartine) ait bondi dans sa poitrine, qu'il l'ait senti, qu'il l'ait entendu, et qu'il ait fait appel à Dieu. Et puis, enfin, il n'est pas mort. Il a vécu jusqu'en 1869, et, par conséquent, sa mélancolie, née d'une rencontre d'amour, n'a pas eu le dénouement qu'il prévoyait en 1814.

Cette figure de femme vient à lui dans les derniers jours de septembre 1816, à Aix-les-Bains. Il a été envoyé par son médecin dans une pension modeste, la pension Pervier. C'est là qu'il rencontre cette femme.

Quand l'a-t-il rencontrée ? comment l'a-t-il vue pour la première fois ? quelle impression a-t-elle faite sur lui ? Pour ceux qui veulent savoir la vérité, je ne les engage pas à lire *Raphaël*. *Raphaël* est un très beau livre, inégal, touffu, avec des parties admirables ; mais il ne vaut rien comme confidences, et ce n'est à aucun degré le journal de la vie de Lamartine. Ce qu'il faut en retenir, ce sont les paysages. Les paysages, il les a décrits merveilleusement. Il aimait ce pays, qu'il ne parcourait pas pour la première fois, et je crois que personne n'a jamais dépeint le lac du Bourget et ses environs comme l'a fait Lamartine dans *Raphaël*. Quant aux traits de la femme qu'il rencontre, il y en a quelques-uns que l'on peut tenir pour exacts ; on peut les rapprocher, en effet, de certaines miniatures, de certains portraits, de certaines confidences des lettres de Virieu ; et puis, il y a parfois, dans les pages de *Raphaël*, des accents qui ne trompent pas.

Ainsi, Lamartine est à sa fenêtre, il voit tout près de lui, à quelques pas, une fenêtre ouverte,

LA MAISON OU LAMARTINE LOGEA A AIX-LES-BAINS.

éclairée par une lumière, et qu'aperçoit-il ? « Un profil pur, pâle, transparent, encadré dans les ondes noires d'une chevelure lisse et collée aux tempes. » Il semble que ce soit bien le portrait exact d'Elvire. Quant à sa voix, il nous dit qu'elle a un accent légèrement étranger, quoique pur, une vibration un peu fébrile, languissante, douce, prodigieusement sonore. Cette voix l'émeut.

Elle résonnait entre les dents à demi fermées comme ces petites lyres de métal que les enfants de l'Archipel font résonner sur leurs lèvres, le soir, au bord de la mer. C'était un tintement plus qu'une voix.

Portrait d'Elvire.
(D'après la miniature d'Elouis).

Quels étaient ses yeux ? Tantôt il nous les dépeint comme ayant la « couleur de mer claire ». J'avoue que je ne sais pas très exactement ce que cela veut dire, et je ne sais pas si vous serez plus heureux que moi pour comprendre exactement cette définition, qui m'apparaît comme étant d'un poète plutôt que d'un peintre. Va tout de même pour les yeux couleur de mer claire. Mais voici qu'ailleurs ce sont des eaux limpides mêlées de brun. La couleur est incertaine, mais le regard ne l'est pas. Lamartine a écrit, en effet, sur le regard d'Elvire une phrase qui montre à quel point il en avait été pénétré :

Le regard de ses yeux semblait venir d'une distance que je n'ai jamais mesurée depuis dans aucun œil humain.

La pâle beauté d'Elvire l'avait saisi ; mais on sent qu'il fut surtout séduit, ému, charmé, remué, retenu par ce regard extraordinaire.

Quelle était l'allure générale de cette femme ; et, d'abord, sa physionomie ?

Lamartine nous dit « qu'elle était plutôt une pensée qu'un être humain ». Et voici alors qui m'apparaît comme un trait tout à fait exact :

Une rêverie générale de l'expression, une langueur indécise, entre celle de la souffrance et celle de la passion. En un mot, c'était l'apparition d'une maladie contagieuse de l'âme, sous les traits de la plus majestueuse et attirante beauté qui soit jamais sortie du songe d'un homme sensible.

Je fais des réserves sur l'épithète de majestueuse que Lamartine applique à Elvire. Rien, dans ce qui nous est dit d'elle, ne semble indiquer qu'elle eût cette majesté que son ami lui prête. Mais, au contraire, quand il parle de sa langueur, de cette langueur indécise entre la souffrance et la passion, on sent, on sait qu'il dit la vérité, parce que, bien qu'il ait raconté dans *Raphaël* qu'il a brûlé toutes les lettres qu'il avait reçues d'Elvire, on en a retrouvé quelques-unes, dont, notamment, cinq qui sont assez longues : Elvire s'y dépeint tout entière. M. Doumic les a retrouvées au château de Saint-Point ; il les a publiées et commentées, et ces lettres donnent bien, en effet, l'impression qu'Elvire était indécise entre la souffrance et la passion. Si l'on veut que, d'un seul mot, je dise ce que je pense, je dirai que c'était une jolie femme qui était malade et qui était très passionnée. Lui était un homme sensible.

PORTRAIT DE JULIE.
(La légende est de l'écriture de Mme Charles de Talmours).

Qui était-elle ?

De son nom de famille, elle s'appelait Bouchaud des Erettes. De son nom de femme, elle s'appelait Mme Charles, puisqu'elle était mariée au moment où Lamartine la rencontra. Ses prénoms étaient Julie-Françoise. Oui, elle s'appelait Julie. Je dois dire que, personnellement, cela ne me gêne pas du tout, et je trouve que le prénom est charmant, à la condition qu'il soit porté par une femme charmante. Mais Sainte-Beuve n'est pas du tout de cet avis et je lui fais grief.

— Pourquoi Julie ? dit-il.

Il rappelle la Julie de *La Nouvelle Héloïse*, il rappelle un vers de Voltaire :

> Chez Camargo, chez Gossin, chez Julie...

un vers exquis de Chénier qui invite un ami à passer la soirée avec lui et qui l'allèche par une présence promise :

> Et nous aurons Julie au rire étincelant...

Sainte-Beuve ajoute :

« Il y a des nuances morales attachées aux noms. Julie semblerait plutôt un nom brillant et de plaisir. C'est un nom de femme romaine, ou, tout au moins, de femme bien portante. La Julie de *Raphaël* est un être frêle, maladif, nerveux, une nature toute d'exception. »

J'avoue ne pas comprendre pourquoi, quand on s'appelle Julie, il faut qu'on soit forcément en bonne santé et qu'on donne l'impression d'une femme romaine. Et puis, ce qui résout toute la question, c'est que, cette fois-ci, Lamartine a dit la vérité. Je ne suis pas bien certain que la petite Napolitaine s'appelât Graziella ; je suis certain qu'elle ne s'appelait pas Elvire ; je suis certain aussi que Mme Charles ne s'appelait pas Elvire. Mais quand il raconte dans *Raphaël*, sous des noms d'emprunt, son amour avec Mme Charles, et quand il l'appelle Julie, il lui donne le nom qu'elle portait, n'en déplaise à Sainte-Beuve.

Lamartine, du reste, paraissait avoir déjà rencontré ce nom dans sa vie, car, tout jeune, il écrivait à son ami de Bienassis :

> Il n'en est plus, mon ami, de Julie,
> Il n'en est plus, hélas ! que dans mon cœur.
> Ainsi que moi renonce à ton erreur ;
> A la poursuivre on passerait sa vie.

Qui était cette première Julie ? Était-elle venue là pour les nécessités de la rime ? Nous ne savons pas. Et, d'ailleurs, il faut bien dire que la question est très peu intéressante. Mais si Lamartine avait rencontré Julie et s'il avait cru qu'il n'en rencontrerait plus sur sa route, il s'était trompé, puisqu'il a rencontré celle dont nous nous occupons.

Quel âge avait-elle, en 1815, au moment où ils se rencontrent à Aix-les-Bains ? Elle avait trente-deux ans. Elle était née à Paris ; mais elle était créole par sa mère et elle avait passé son enfance à Saint-Domingue. Elle s'était mariée en 1804 ; elle avait, par conséquent, à ce moment, vingt ans. Elle avait épousé un homme célèbre, le physicien Charles. Charles connut une notoriété extraordinaire : c'est lui qui fit le second voyage aérien, et il le fit avec un appareil déjà tellement perfectionné qu'on peut presque dire qu'il n'y a pas eu ou très peu d'améliorations apportées au ballon tel que l'avait conçu le talent ou le génie de Charles. Donc, cet homme célèbre avait rencontré Julie, et la jeune fille lui avait plu. Cette jeune fille avait un père et un oncle. Il vous souvient que Lamartine avait un père, naturellement, et qu'il avait aussi un oncle ; le père était charmant, mais l'oncle était terrible. Chez Julie, c'était l'inverse : le père était fantasque et insupportable ; l'oncle était, au contraire, un homme charmant ; et, tandis que le père s'opposait au mariage de Charles avec sa fille Julie, l'oncle fit, au contraire, tout pour arranger les choses.

Quel âge avait Charles au moment où il épousa Julie ? Il avait cinquante-huit ans, donc une grande disproportion entre son âge et l'âge de sa femme, puisque celle-ci n'avait que vingt ans. Et, pourtant, le ménage fut très heureux. Charles aimait sa femme. Ils vivaient dans un milieu d'hommes politiques et d'hommes de science. Les hommes politiques appartenaient au royalisme constitutionnel ; c'étaient des gens connus à leur époque, et dont quelques-uns, même, étaient célèbres : c'était Suard, c'était Lainé, c'était Lally - Tollendal, c'était surtout deux hommes avec lesquels Charles et sa femme étaient particulièrement liés : de Bonald, le royaliste catholique, et le baron Mounier. Le baron Mounier était un fonctionnaire ; il était le fils de Joseph Mounier, le Constituant, l'homme qui joua un

Le physicien Charles.
(D'après un pastel).

rôle si considérable dans la convocation des États-Généraux et à l'Assemblée Constituante. Julie se plaisait dans ce milieu ; on avait des égards, des attentions pour elle ; elle s'intéressait à la science, son mari était un savant ; elle s'intéressait à la politique, il y avait des hommes politiques autour d'elle ; elle s'intéressait à la philosophie, il y avait des philosophes comme de Bonald ; et puis, elle aimait à rendre service ; elle appartenait à cette catégorie de femmes qui n'ont pas complètement disparu, qui se mêlent des affaires des autres, qui interviennent auprès des hommes puissants, qui les sollicitent, qui leur adressent des réclamations, qui ont des exigences impérieuses et qui veulent obtenir ce qu'elles désirent.

Le baron Mounier s'était présenté à la députation en 1815, il avait échoué, et il me semble qu'il en prit assez aisément son parti. Mais son amie, Mme Charles, eut pour lui des impatiences ou des regrets qu'il ne manifesta pas au même degré Elle lui écrivit une lettre, qui a été publiée par Anatole France ; la voici :

« Mon Dieu ! à quoi donc servent le mérite et la vertu, si c'est la sottise et les vices des hommes vulgaires qui règlent tout dans le monde ? Quoi ! vous ne seriez pas élu ? C'est à vous qu'on préfère des gens sans nom, sans talent, sans énergie ! On trouve que vous n'avez pas assez fait pour le roi, en abandonnant pour le suivre votre patrie, votre femme, vos enfants, votre fortune ! Ah ! il faudrait fuir au fond des déserts, on y oublierait cette malheureuse France, qui va devenir, encore une fois, la proie des partis et de toutes les passions viles ou insensées. Il n'y a plus d'espérances à conserver dans l'esprit, le vertige tient lieu de tout, dès qu'on signale comme un danger la noblesse et la force d'un caractère pur.

« Mon ami, — permettez-moi ce titre que dans mon cœur je vous donne si souvent, — je suis navrée de tristesse ; je ressens ce désappointement d'une manière si pénétrante que je m'en étonnerais si je ne me sentais pas identifiée avec votre existence.

« Recevez mes larmes, mes regrets, ma vive et sensible affection. C'est surtout dans la douleur que j'en éprouve toute la puissance. »

Évidemment, cette lettre est bien écrite, elle est écrite par une femme qui a lu Rousseau. C'est une femme sensible, mais c'est, en même temps, une femme adroite ; elle sait demander, et j'ignore pourquoi Anatole France, en publiant cette lettre, n'en a pas donné le *post-scriptum* que j'ai sous les yeux. Il a pourtant son intérêt, parce que le caractère de Mme Charles s'y dépeint tout entier. Elle éprouve un véritable chagrin de l'insuccès de son ami, mais, enfin, il arrive très souvent que le *post-scriptum* révèle la pensée d'une femme, et même d'un homme, plus que le fond même d'une lettre. Ce *post-scriptum* omis, le voici :

« Ne pensez plus, je vous en prie, à ma ridicule demande, vous avez bien vu qu'elle m'était dictée. Je serais fâchée que vous me supposiez disposée à abuser de votre bienveillance pour moi ; rien, je vous assure, n'est plus loin de mon caractère. Je me trouve trop heureuse si je vous dois une sous-préfecture, c'est à cela que se bornent toutes mes prétentions. »

Ai-je eu tort de dire que c'était une femme singulièrement habile ? On l'a sollicitée de faire une démarche, elle l'a faite ; mais elle dit au baron Mounier qu'elle n'y tient pas beaucoup, qu'on lui a dicté une demande dont le résultat lui est tout à fait indifférent. Mais il y a une chose à laquelle elle tient : la sous-préfecture. Elle y compte, et je serais bien surpris si, avec ce caractère, cette habileté, elle ne l'avait pas obtenue.

Telle est donc Mme Charles. Elle est malade, elle est seule ; Lamartine et elle se rencontrent. Lamartine est seul, lui aussi ; il est, lui aussi, malade ; il éprouve un besoin de repos, et les lettres que je vous ai lues indiquent qu'en même temps, il éprouve un grand besoin d'amour. Ils se voient, ils se promènent, ils s'aiment. Mais jusqu'où est allé leur amour ?

On a beaucoup discuté là-dessus. Il y a deux

LE LAC.
(Gravure de Deeblé).

éditions du *Lac*, la poésie peut-être la plus belle, ou l'une des deux plus belles que l'amour de Julie ait inspirées à Lamartine (je dis deux, parce que je considère que *Le Crucifix* n'est pas un chef-d'œuvre inférieur au *Lac)*. La version officielle, celle du texte publié, parle d'extase sublime. Mais Valentine de Lamartine, la nièce du poète, a publié une autre version : primitivement, le texte de Lamartine disait : « Délices sublimes... » Et alors il y a des gens très sérieux, je vous assure, qui ont trouvé que ces mots : « délices sublimes », contenaient toute une révélation. Anatole France n'est pas tout à fait de cet avis, et c'est avec beaucoup d'esprit qu'il dit : « C'est peut-être donner trop de précision à l'amante poétique de M. de Lamartine. De plus, on ne remarque pas qu'il y avait « délices », « délices rapides », une vingtaine de vers plus haut dans toutes les éditions. Cela se chantait durant la jeunesse de nos mères :

O temps, suspens ton vol, et vous, heures propices,
Suspendez votre cours,
Laissez-nous savourer les rapides délices
Des plus beaux de nos jours.

« Je ne vois pas bien comment « délices sublimés » serait plus compromettant pour Mme Charles que « délices rapides ». Ce devrait être plutôt le contraire, car, enfin, on peut se figurer des délices rapides, et on ne sait pas précisément ce que c'est que des délices sublimes. »

Je n'ai rien à ajouter à ce commentaire d'Anatole France. Il a trop le sens des mots et des épithètes pour que j'aie quelque chose à ajouter après lui.

Mais il y a deux autres strophes célèbres. Ces strophes ne sont pas dans l'édition originale des *Méditations Poétiques*, et il a fallu les poésies inédites publiées par Mlle Valentine de Lamartine pour qu'on les connût. Combien on a discuté sur elles ! Combien on a écrit de chapitres, j'allais presque dire de livres, pour les commenter ! Et, pourtant, il m'apparaît que c'est si simple :

Elle se tut. Nos cœurs, nos yeux se rencontrèrent,
Des mots entrecoupés se perdaient dans l'éther,
Et dans un long transport nos âmes s'envolèrent
Dans un autre univers.
Nous ne pûmes parler. Nos âmes, affaiblies,
Succombaient sous le poids de la félicité.
Nos cœurs battaient ensemble et nos bouches unies
Disaient « éternité » !

On a discuté tous les mots, on a discuté toutes les épithètes.

Pour ma part, j'avoue que je ne vois rien dans ces vers, d'ailleurs admirables, que de très belles strophes poétiques. Mais Lamartine, dans l'édition publiée, était allé aussi loin, sans d'ailleurs aller très loin, que dans les deux strophes qu'on a connues longtemps après sa mort. Tout le monde connaît *Le Lac* pour l'avoir entendu, pour l'avoir récité, pour l'avoir chanté. Il ne faut pas s'en défendre ; il ne faut pas se défendre de connaître les grands chefs-d'œuvre ; il ne faut pas se défendre de connaître *Le Lac*, de l'aimer et de l'admirer, parce qu'il ne faut pas avoir honte d'aimer et d'admirer quelques-uns des plus beaux vers, je ne dirai pas seulement de la langue française, mais de toutes les langues. Or, dans le texte de l'édition originale, il y a cette strophe :

> ... se peut-il que ces moments d'ivresse,
> Où l'amour à longs flots nous verse le bonheur,
> S'envolent loin de nous de la même vitesse
> Que les jours de malheur ?

Voilà les textes... Je vous demande de ne pas vous y arrêter, je vous demande de ne pas vous attarder plus longtemps qu'il ne convient à une question qui n'est pas d'un intérêt palpitant. Pour moi, j'ai une opinion, et cette opinion je vais vous dire sur quoi elle se fonde.

Un de mes amis, M. des Cognets, a publié un livre remarquable consacré à « la vie intérieure de Lamartine ». M. des Cognets a eu la bonne fortune d'avoir à sa disposition un très gros manuscrit des *Mémoires* de Dargaud. Dargaud était un historien célèbre à son époque. C'était un ami de Lamartine ; il a vécu avec lui pendant quarante ans d'une camaraderie presque quotidienne ; il a noté chaque jour ses impressions. Le Journal de Dargaud est extrêmement intéressant, il est même passionnant ; il est exact, sincère, et il est inséparable de la vie de Lamartine, ou, plutôt, on ne peut pas séparer la vie de Lamartine du manuscrit de Dargaud. M. des Cognets l'a consulté, et ce qui fait l'intérêt de son livre, — un livre qui, d'ailleurs, est d'une psychologie très pénétrante et très avisée, — c'est que, précisément, les confidences de Dargaud lui permettent de rectifier bien des erreurs. Or, là, il y a un passage décisif.

« — Votre passion pour Mme Charles ne fut pas, je m'imagine, une passion purement platonique.

« — Assurément non, répondit Lamartine ; mais l'âme prédomina toujours sur les sens. »

Quoi qu'il en soit, quoi qu'il se soit passé à Aix-les-Bains, Lamartine et Mme Charles se retrouvèrent à Paris.

Lamartine l'aimait, mais avec assez de tranquillité. A ce moment-là, son âme n'était pas passionnée. Il l'aimait, parce qu'elle était jolie, parce qu'elle était malade, parce qu'elle était tendre avec lui ; il l'aimait parce qu'elle l'aimait et qu'elle l'aimait passionnément. Et puis, disons-le, il l'aimait aussi parce qu'elle connaissait des hommes célèbres, parce qu'elle fréquentait des hommes influents. Le baron Mounier était un administrateur d'une très grande autorité, et il y avait quelqu'un qui avait une autorité plus grande encore : c'était M. de Bonald. Il fallait conquérir ce dernier, — et quel meilleur moyen pour un poète de conquérir un grand philosophe, sinon de lui dire qu'il a du génie ? Lamartine fit *L'Ode au Génie* ; elle fut dédiée à M. de Bonald et elle lui fut transmise par Madame Charles.

Et elle, comment l'aimait-elle ? Elle l'appelle mon enfant, mon enfant chéri, mon ange. Elle lui parle de la façon la plus tendre et la plus pure.

« Le ciel est juste, dit-elle. Il nous a rapprochés, il ne nous arrachera pas subitement l'un à l'autre. Ne vous aimerai-je pas comme il le voudra, comme fils, comme ange et comme frère ? Et vous, cher enfant, ne lui avez-vous pas depuis longtemps promis de ne voir en moi que votre mère ? N'avez-vous pas dit, ajoute-t-elle, ne suis-je pas sûre que vous avez pour moi une passion filiale ? »

En réalité, j'ai l'impression qu'à un certain moment Lamartine, si je puis ainsi m'exprimer, « en eut assez », cette femme plus âgée commença à le fatiguer et à l'excéder quelque peu. Il ne voulait pas encombrer sa vie, ni engager son avenir ; c'est alors qu'il lui dit :

Soyez ma mère et traitez-moi comme votre fils.

Et, en effet, elle le traite comme son fils ; elle lui donne des noms de tendresse maternelle, et, tout de même, elle continue à l'aimer, à l'aimer d'amour ; elle dit même, dans une lettre, « de tous les amours ». C'est ainsi qu'un jour elle lui fait une véritable scène de jalousie. Lamartine, avec imprudence, lui avait donné à lire les vers qu'il a consacrés à Elvire, l'autre, la petite plieuse de cigarettes, la Graziella de Procida ; il lui a donné à lire ces vers, elle en a eu la primeur, elle en a été profondément émue, et, en femme intelligente et supérieure qu'elle était, elle a vu tout de suite la valeur de ses vers, elle en a senti la nouveauté ; elle a été entraînée, emballée (passez-moi l'expression familière) par le génie de Lamartine, et, considérant que la femme qu'il a célébrée dans ces vers est une créature divine, elle redoute de ne jamais pouvoir lui ressembler. Elle interroge de Virieu, et c'est alors que de Virieu lui dit le mot que je vous ai cité en partie tout à l'heure :

— Oh ! c'était une petite personne excellente, qui a beaucoup regretté Alphonse.

En réalité, Graziella était morte d'amour.

Mme Charles se demande si le même sort ne lui est pas réservé, si Lamartine n'est pas dupe de son imagination et de son cœur, si sa raison ne reprendra pas le dessus. Et, alors, après avoir manifesté son admiration pour ses vers, elle s'étonne, elle lui fait des reproches : c'est une scène. Elle a le droit de lui en faire, parce qu'elle aime Lamartine et que Lamartine l'aime moins. Pourtant, il lui adresse de son côté des reproches ; il trouve qu'elle est trop occupée, qu'elle voit trop de monde. Pourquoi lui cherche-t-il ainsi querelle ? Anatole France, en admirable psychologue, nous le dit :

« S'il ne l'aimait pas jusqu'à se donner tout à elle, il l'aimait assez pour la vouloir toute à lui. L'amour, peut-être, peut aller jusqu'à tuer l'égoïsme ; en attendant, il le nourrit. »

Malgré ces scènes, Lamartine continue à la voir ; il l'aime comme un fils ; elle continue à l'aimer comme une mère, mais elle voudrait l'aimer autrement. Elle s'occupe de lui, elle écrit pour lui au baron Mounier, et voici un paragraphe intéressant d'une de ses lettres à ce grand personnage :

« J'ai dit à M. de Lamartine votre bienveillance pour lui ; il en est fort touché, et s'il n'a pas été vous remercier encore, c'est que, sûrement, il est malade. Je voudrais bien que nous parvinssions à faire quelque chose qui fût agréable à cet intéressant jeune homme et à sa famille. J'aimerais à leur rendre un peu du bien qu'ils m'ont fait. »

Oh ! la femme habile qu'elle est ! Elle ne connaît personne de la famille de Lamartine ; elle n'a été en relation avec aucun de ses parents : ni avec son père, ni avec sa mère, ni avec ses oncles, ni avec ses tantes, ni avec ses sœurs, ni avec ses nièces, mais elle ne veut pas se compromettre ni le compromettre ; alors, avec une habileté féminine, qui, je crois, à l'heure actuelle n'est pas encore complètement perdue, elle dit bien qu'elle s'intéresse au jeune homme et qu'il est intéressant, mais elle parle des siens, prétend en avoir reçu des services et se prétend désireuse de leur rendre un peu du bien qu'ils lui ont fait. Du bien, ils ne lui en ont fait aucun, sinon de mettre Lamartine au monde et d'avoir ainsi rendu possible la rencontre d'Aix-les-Bains au mois d'août 1815.

Pourtant, ce qu'il faut dire, c'est qu'elle a passionnément aimé Lamartine ; ce qu'il faut dire, c'est qu'elle l'a inspiré ; ce qu'il faut dire, c'est que, sans elle, la langue française n'aurait peut-être pas quelques-uns de ses plus admirables chefs-d'œuvre. Elle vit et elle revit dans les *Premières Méditations*, dans les *Nouvelles Méditations*, dans les *Harmonies*, dans d'autres œuvres de Lamartine.

En 1817, elle est gravement malade. Ils se sont donné rendez-vous à Aix-les-Bains, elle ne peut pas venir ; Lamartine y est seul. Il est là, assis sur un rocher, où ils se sont assis ensemble, dans l'Abbaye de Haute-Combe, qui domine les eaux, et, là, il écrit *Le Lac.*

LE CRUCIFIX.

Nous avons le brouillon de cette poésie immortelle. Il l'écrit au moment où il sait qu'elle est gravement malade, et, maintenant qu'il sent qu'il peut perdre cette femme, il s'attache à elle d'un amour plus passionné et plus violent. Il l'aime malade, et il l'adorera morte.

Il écrit donc *Le Lac.* Elle meurt le 18 décembre 1817, au milieu d'atroces souffrances, avec une résignation et un courage admirables ; elle meurt en catholique ; elle meurt, dit-elle, *pour expier.*

On a discuté sur ces mots ; que veulent-ils dire ?

Je ne leur donne pas une signification qu'ils peuvent ne pas avoir. Du moment où elle a aimé, où elle a passionnément aimé, du moment où, à une certaine heure, elle a dit à ce jeune homme, plus jeune qu'elle, qu'elle est prête à tout quitter : sa famille, son mari, sa situation sociale pour aller avec lui, du moment où elle a péché, au moins en intention, elle a quelque chose à expier, et, par conséquent, ce mot, à mon sens, n'a pas la signification précise qu'on a voulu lui donner.

Elle a inspiré Lamartine, c'est lui qui nous le dit :

Dans les longs loisirs, Elvire, les attachements perdus me rendirent cette espèce de chant intérieur qu'on appelle poésie. Ma voix était changée, et ce chant était triste comme la vie réelle. Toutes mes fibres, attendries de larmes, pleuraient ou priaient au lieu de chanter. Je n'imitais plus personne, je m'exprimais moi-même pour moi-même. Ce n'était plus un art, c'était un soulagement de mon propre cœur qui se berçait de ses propres sanglots. Je ne pensais à personne en écrivant, çà et là, ces vers, si ce n'est à une ombre et à Dieu. Ces vers étaient un gémissement ou un cri de l'âme.

Oui, il nous a livré son cœur et son âme ; c'est bien l'inspiration de l'amour, la présence de cette ombre, qui lui ont dicté les admirables chefs-d'œuvre des *Premières* et des *Secondes Méditations Poétiques*. C'est l'amour qui l'a fait poète, mais c'est surtout la douleur qui l'a fait grand poète. Quand il a perdu Elvire, il a été pris d'un chagrin sincère et immense. Je ne vous renvoie pas à d'autres pages de *Raphaël*, je ne vous renvoie pas à d'autres récits de Lamartine : ils sont sujets à caution ; mais voici un témoin, voici Dargaud qui revient.

« Quand il apprit la nouvelle néfaste, Lamartine poussa un cri terrible et s'échappa de la maison paternelle. Il erra dans les vignes et dans les bois pendant deux jours et une nuit, puis il revint. Il était d'une pâleur si livide que tout le monde fut épouvanté. Ses sœurs, n'osaient l'interroger. Son père se tut. Sa mère, sans lui parler, l'embrassa. Il ne sentit pas même cet enlacement, tant il était endurci. Après cela, il rentra dans ses habitudes. Il inscrivit au couteau, sur l'un des murs de Milly, cette date, et il garda pendant plusieurs mois le silence du désespoir. »

Ce témoignage est probant ; il est décisif, parce qu'il est vécu et qu'il est sincère.

Voici un autre témoignage : quand Lamartine était revenu après ces jours et cette nuit passés dans les bois, sa mère, effrayée de le voir ainsi, l'avait tendrement embrassé sans rien lui demander, parce qu'il est des heures où le cœur maternel comprend qu'il n'y a pas d'explication à demander au cœur de l'enfant. Elle ne savait donc rien. Mais, huit mois après, elle constatait ainsi l'état moral de son fils :

« On dirait qu'il est abattu par quelque chagrin secret qu'il ne dit pas, mais que je crains d'entrevoir. Il n'est pas naturel qu'un jeune homme de cette imagination et de son âge se confine si absolument dans la solitude. Il faut qu'il ait perdu, ou par la mort, ou autrement, je ne sais quel objet qui cause sa mélancolie si profonde. »

Il était mélancolique. Cette mélancolie, il l'a traduite dans des vers immortels, notamment dans *Le Crucifix*, pièce écrite quelques mois après la mort d'Elvire. Elvire, je l'ai dit, était morte en catholique, et le crucifix auquel elle avait donné ses derniers baisers fut remis à Lamartine par son ami de Virieu, et c'est ce crucifix qui lui inspira le chant sublime.

De toutes ses poésies, *Le Crucifix* n'est pourtant pas la plus célèbre : c'est *Le Lac*. *Le Lac* est le poème du souvenir, et on l'a rapproché de deux autres poèmes : du *Souvenir*, d'Alfred de Musset, et de *La Tristesse d'Olympio*, de Victor Hugo. On a discuté pour savoir quel était le plus pur, quel était le plus émouvant de ces chefs-d'œuvre. Je ne suis pas de ceux qui veulent donner des prix aux déesses. Ce sont trois chefs-d'œuvre ; et n'est-ce pas une époque extraordinaire dans l'histoire de la littérature française que celle où trois grands poètes lyriques ont écrit trois chefs-d'œuvre, dont on hésite à désigner le plus grand ? Je les ai lus et relus. Quand je l's *Le Souvenir*, d'Alfred de Musset, il me semble que c'est celui que je préfère, parce que, selon le mot d'Anatole France, c'est peut-être le plus humain. Quand je lis *Le Lac*, de Lamartine, il me semble que c'est celui que j'aime le mieux, parce que j'y sens une passion ardente exprimée dans des vers sublimes. Quand je lis *La Tristesse d'Olympio*, c'est à *La Tristesse d'Olympio* que je donne mes préférences, et je ne sais pas si, au fond, tout au fond de moi-même, ce n'est pas ce poème-là que je préfère. Peut-être *La Tristesse d'Olympio* est-elle moins émouvante que *Le Lac* ; peut-être *La Tristesse d'Olympio* est-elle moins humaine que *Le Souvenir* ; mais *La Tristesse d'Olympio* n'a pas été écrite dans les mêmes conditions que *Le Souvenir* ou que *Le Lac*. Quand Alfred de Musset écrivait *Le Souvenir*, il y avait de nombreuses années qu'il n'avait pas rencontré George Sand, qu'il l'avait perdue de vue, qu'elle était morte pour lui. Quand Lamartine écrivait *Le Lac*, Elvire était mourante, il sentait qu'il allait la perdre. Quand Victor Hugo, en 1837, après avoir parcouru la vallée de la Bièvre, écrivait *La Tristesse d'Olympio*, il avait à son bras Juliette Drouet, qui était saine et bien portante. Victor Hugo n'était pas malheureux, il était même heureux. Malheureux en imagination, il comparait la nature impassible au temps qui passe, et il évoquait des souvenirs. Son émotion, évidemment, n'était pas aussi prenante que celle de Lamartine ou que celle de Musset, parce que les conditions n'étaient pas les mêmes et parce que l'objet du poème n'était pas le même. Mais quand je lis *La Tristesse d'Olympio*, j'ai tellement l'impression qu'il y a là des vers frappés pour l'immortalité et qui ne périront pas tant qu'il y aura une langue française, que je préfère *La Tristesse d'Olympio* ; seulement, je la préfère quand je la lis, et puis je reviens au *Souvenir* et au *Lac*.

De tout cela, on peut tirer une leçon, et c'est Anatole France qui l'a dégagée. Il a écrit là-dessus une page profonde par la pensée, très belle par l'expression. Elle n'a été publiée que dans une édition de luxe ; peut-être ne la connaissez-vous pas ; Anatole France rapproche les trois poèmes ; il indique que le souvenir les a inspirés tous les trois, et il se laisse aller à l'expression de cette pensée philosophique digne d'un Bossuet :

« Ce que la mort nous ôte d'un coup, la vie, plus impitoyable, nous le ravissait à tous moments, nous l'arrachait par lambeaux. Douceur du souvenir, charme du passé, bonté cruelle de la mort ! Par elle, tout s'achève et s'harmonise, et ce que nous avons aimé dans la discontinuité et la dispersion qu'est la vie, nous l'aimons plus chèrement dans l'unité, la pureté, la simplicité d'une mémoire fidèle. Nous aimons alors avec une plénitude jusque-là inconnue. A quelles conditions, hélas ! Faut-il donc avoir perdu tout ce qu'on possédait pour en savoir tout le prix ? Ce qui n'est plus !... Mais est-il autre chose au monde ? Ce qui n'est plus n'est-ce point le seul bien que nous puissions avoir ? Tout nous fuit, tout nous meurt. Le présent est passé avant que nous le concevions. Emportés nous-mêmes dans la fuite universelle des choses, nous croyons trouver un refuge dans l'avenir. Mais l'avenir, c'est ce qui ne sera plus, c'est le passé que nous projetons devant nous.

« L'écrin du souvenir est notre seule richesse. Ils sont bienfaisants, les poètes qui charmèrent cette humaine misère, leur misère et la nôtre, par les images les plus riches et les sons les plus doux. »

IV

L'ÉPOUSE

Sainte-Beuve raconte qu'au moment où Lamartine était conseiller de la légation de France à Florence il fut, dans un dîner officiel, le voisin d'un Anglais original. Cet Anglais, M. Bunbury, lui déclara, pour entrer en grâce auprès de lui, qu'il connaissait des poètes français, et que même il avait donné sa fille à l'un d'entre eux parmi les plus connus. Mais il ajouta tout de suite qu'il lui était impossible de retrouver son nom. Lamartine cita un certain nombre de poètes. J'aime à croire que l'ignorance imprévue et un peu grossière de son interlocuteur lui laissa supposer qu'il ne fallait pas chercher tout de suite parmi les poètes les plus illustres. Peut-être cita-t-il Théophile Gautier, quoique ce dernier fût déjà fort connu ; sans doute parla-t-il aussi d'Alfred de Musset, de Victor Hugo. L'Anglais disait toujours non. Et c'est seulement lorsque Lamartine prononça le nom d'Alfred de Vigny que l'Anglais répondit :

— *Yes* ! Je crois bien que c'est celui-là !

Lamartine ne pouvait pas courir le risque d'une semblable aventure par une raison très simple : c'est qu'il n'avait pas de beau-père, ou — car je ne veux pas que cette parole soit mal interprétée — parce que son beau-père était mort avant son mariage. Mais il eut une belle-mère, et vous verrez que, du moins dans la période qui précéda son union, cette belle-mère fut une belle-mère terrible.

Après la mort d'Elvire, Lamartine pleura sa douleur dans les vers immortels que je viens de vous rappeler :

Que me font ces vallons, ces palais, ces chaumières,
Vains objets dont pour moi le charme est envolé.
Fleuve, océans, forêts, solitudes si chères,
Un seul être vous manque et tout est dépeuplé.

Et il ajoutait, dans cette admirable poésie de *L'Isolement*, des *Premières Méditations Poétiques* :

Sur la terre d'exil, pourquoi resté-je encor !
Il n'est rien de commun entre la terre et moi.

C'était là un langage d'amoureux attristé, mais c'était, en même temps, un langage de poète : je veux dire que l'imagination y parlait autant que le cœur. Lamartine ne tarda pas à trouver qu'il y avait, en effet, beaucoup de choses, dont quelques-unes étaient agréables, entre la terre et lui, et il ne mit pas un très long temps à peupler sa solitude. Il y a un aveu de lui à Dargaud, son confident intime ; il lui disait un jour, en parlant des années 1818 et 1819:

Louis de Vignet,
ami de Lamartine.

— C'est l'époque voluptueuse de ma vie, voluptueuse et immorale, entre mon amour que je pleurais et mon mariage que je pressentais.

Ce fut le moment où il fit la connaissance d'une princesse italienne qui, attirée par la réputation de Lamartine et connaissant un ami intime de ce dernier, Louis de Vignet, était venue à Paris tout exprès pour le voir.

Lamartine a fait, dans ses *Nouvelles Confidences*, un portrait de cette princesse italienne. Je ne le donnerai pas tout entier. Il parle de ses yeux, il lui donne un nom de reine, il l'appelle Regina ; et c'est un portrait royal qu'il en a tracé.

Quant à l'expression de ses yeux, dit-il, je n'essaierai jamais de les décrire ; on ne décrit pas la lumière, on la sent.

Lamartine avait senti la lumière : il avait aussi senti la chaleur, car cette grande dame, il l'avait définie d'un mot qui dit tout : il l'avait appelée une Circé. La princesse connut Mme de Lamartine mère, et, si j'en parle, c'est qu'elle joue un rôle important dans l'histoire du mariage de Lamartine.

Donc, le 11 juin 1819, Mme de Lamartine écrivait, dans son Journal :

« J'ai vu, aujourd'hui, Mme de E... C'est une Italienne, la plus belle et la plus attrayante que j'ai jamais vue. Elle a un rayonnement doux et vif à la fois, qui attire le cœur autant qu'il éblouit les yeux. Le son de sa voix, avec son accent étranger, a une émotion et comme une tendresse qui touche. Elle m'a apporté des nouvelles d'Alphonse qu'elle a beaucoup vu à Paris. »

Elle avait, en effet, beaucoup vu Lamartine.

« Elle m'a récité des vers de lui que je ne connaissais pas. Ce sont des stances religieuses et mélancoliques où l'on sent aussi un ton de passion. »

Je n'ai pas besoin de vous dire que ce n'étaient pas des stances religieuses que la princesse italienne avait inspirées à l'auteur des *Méditations*.

Quelques mois après, exactement trois mois,

Mme de Lamartine parle, dans son Journal, d'une connaissance que son fils a faite d'une jeune Anglaise avec laquelle il va peut-être se marier. Mais n'allons pas si vite ! Quand on parle de Lamartine, de son mariage ou de ses projets de mariage, il faut remonter un peu plus haut et reprendre d'un peu plus loin.

On sait qu'à l'âge de vingt et un ans, Lamartine était follement amoureux d'une jeune fille de Mâcon. A ce moment-là, il écrivait : « J'aime pour la vie. » Il l'appelait : « Ma femme. » Il ajoutait : « Rien au monde ne pourra nous séparer. » Sa famille le sépara, pourtant, de cette jeune et charmante personne. Il partit pour l'Italie. Il avait dit à la Mâconnaise qu'il l'aimait pour la vie ; il rencontra Graziella à Naples, et, sans le savoir, je peux bien affirmer qu'il dit aussi à Graziella que c'était pour la vie qu'il l'aimait.

En juillet 1818, après la mort d'Elvire, il écrivait :

> Vignet m'a apporté l'idée de deux mariages. Je les entreprends faiblement comme on travaille à une chose dont on croit, au fond, la réussite impossible.

Il est bien certain qu'il est déjà difficile de se marier quand on ne s'attache qu'à une union ; mais, quand on en poursuit deux à la fois, il arrive assez souvent que l'une contrarie l'autre. En réalité, à ce moment-là, Lamartine n'était pas encore très décidé. Il s'intéressait beaucoup plus à une tragédie, *Saül*, qu'il avait faite, et ses lettres montrent qu'à ce moment il était dans l'inquiétude et dans l'impatience de l'accueil que Talma ferait à cette tragédie. La réponse de Talma fut très impartiale : il déclara que la pièce était un chef-d'œuvre, mais qu'elle était injouable.

Quelques jours après, Lamartine écrivait, toujours à son ami de Vignet :

Je suis déterminé, aussitôt que j'aurai été refusé par Mlle D..., à partir pour Paris et à y passer une quinzaine à voir s'il n'y aurait aucun moyen de me marier tout seul avec Mlle B...

Il disait « de me marier tout seul », parce que, pour le premier mariage, il comptait sur sa famille, et que, pour le second, il n'escomptait le concours de son père ni de son oncle. Pour Mlle B..., la première fiancée, le père de Lamartine refusa de se prêter à des négociations, et Alphonse écrivit à son amie intime, Mlle de Canonge, qu'il aima, celle-là, d'une amitié tout à fait respectable et tout à fait pure :

Hélas ! quand j'y pense, quel mari offrir à une jolie, jeune et fraîche personne ! Quel corps et quelle âme vis-à-vis de dix-sept ans !

Il ne pensait pas, à ce moment-là, qu'on pût lui faire épouser une jeune fille qui aurait un peu plus de dix-sept ans.

Le 13 novembre, il disait :

— Je suis bien décidé à ne pas me marier passé trente ans.

Cette promesse, il la tint, car il n'avait pas exactement trente ans lorsqu'il se maria.

Il était venu à Aix au mois d'août 1819, et, vers la fin de ce mois, il écrivait à la marquise de Raigecourt :

Il y a quelques mois que j'ai fait connaissance de cette jeune Anglaise, qui passe pour un fort bon parti, et il paraît que nous nous convenons mutuellement assez. Il faut en venir à une fin. Nous la désirons tous les deux.

Il ajoutait « que la célérité était d'une haute importance ». Il demandait, en effet, à sa correspondante, de lui procurer des renseignements sur la situation de la famille de la jeune fille qu'il avait rencontrée à Aix. Il songeait aussi à se faire nommer attaché à la légation de France à Munich ; la place était libre. Et il ajoutait :

Cette place aiderait à mon mariage, s'il y a mariage, et, autrement, elle m'en consolerait jusqu'à un certain point.

Vous voyez, par conséquent, qu'au moment où il écrivait cette lettre, il ne semblait pas que Lamartine fût passionnément amoureux de la femme avec laquelle des amis avaient songé à le marier. Et, pourtant, voici la première lettre qu'il écrivait à celle dont il pensait qu'il ne tarderait pas à solliciter la main :

Je n'ai pu vous voir sans vous aimer, et chaque jour comme chaque parole a contribué, depuis, à fortifier en moi ce penchant d'abord involontaire, mais que la raison et la volonté approuvent également aujourd'hui. Je ne puis me résoudre à m'éloigner sans vous l'avoir au moins découvert.

Lamartine s'excusait d'écrire à la jeune fille sans avoir averti la mère de celle-ci, et il ajoutait :

Si je puis me croire assez heureux pour que vous partagiez seulement en silence les sentiments que vous avez fait naître, rien ne me coûtera pour parvenir au terme de mes vœux, que je pourrai croire les vôtres. Nous aurons sans doute, des deux côtés, des obstacles de même force ; mais aucun obstacle ne peut être aussi fort que le sentiment qui me guide. Ce sentiment que j'ai connu une fois en ma vie n'a pu être arraché de mon cœur que par la perte de ceux que j'aimais.

Il avoue son amour pour Elvire.

Depuis, j'ai vécu dans une parfaite indifférence...

C'est une réticence, car il ne fait pas allusion à la princesse italienne qui ne l'avait pas laissé indifférent.

Mais je vous ai connue. J'ai trop apprécié en vous tant de qualités parfaites, tant de rapports entre nos goûts et nos sentiments, tant de perfections inconnues peut-être à vous-même, pour ne pas sentir que je serais le plus heureux des hommes d'obtenir votre main et d'unir mes jours et ma destinée à la vôtre. Ce sentiment profond, intime, raisonné, inébranlable, m'aidera à triompher de tout, et quel que soit l'événement, il ne peut plus s'éteindre en moi.

C'est, évidemment, une lettre d'amoureux. Elle diffère, pourtant, un peu du ton des lettres que Lamartine écrivait à la marquise de Raigecourt et à quelques autres. Et si vous retenez cette lettre, si vous y réfléchissez (et il est nécessaire d'y réfléchir pour savoir ce que fut le mariage de Lamartine), vous verrez que les mots de volonté et de raison y reviennent à plusieurs reprises, et que ce mariage fut, en réalité, un mariage de raison.

Quelle était cette jeune personne qu'il avait rencontrée, et comment l'avait-il connue ?

Ici, c'est *Le Manuscrit de ma Mère* qui va nous renseigner.

« Il a fait connaissance, à Chambéry, avec une jeune personne anglaise qu'il a l'extrême désir d'épouser. Il paraît même qu'il a plu à cette jeune personne et qu'ils se sont engagés réciproquement, autant que peuvent le faire deux personnes dépendant de la volonté de leurs parents. Comme la Providence se plaît à se jouer de mes pensées ! »

Ici, la mère de Lamartine écrit qu'elle avait désespéré de voir son fils se marier et avoir une situation. Elle ajoute :

« Voici ce qu'on me mande de Chambéry sur cette jeune Anglaise très connue de Césarine. (C'était une sœur de Lamartine.) Sans être une beauté, don souvent plus dangereux qu'utile à celle qui le possède, elle a de l'agrément, de la grâce, une taille admirable, des cheveux superbes, une éducation remarquable, beaucoup de talents et un esprit supérieur. Elle est d'une bonne famille d'Angleterre, très bien apparentée. Sans être riche, sa mère, qui est veuve, a une fortune assez belle. Elle est fille unique. Son père était colonel de milice en Angleterre, pendant les menaces d'invasion par Bonaparte. Cette jeune Anglaise s'appelle, de son nom, Mlle Birch, et de son prénom elle s'appelle Marianne-Elisa. »

Mme de Lamartine raconte comment cette jeune Anglaise se trouvait à Chambéry. Sa mère était très liée avec une vieille famille, la famille de La

Pierre, qui y avait un château. Les de La Pierre étaient allés en Angleterre, où ils avaient été très bien reçus par la famille Birch, et ils rendaient à cette famille, en Savoie, l'hospitalité qu'ils en avaient reçue. C'est ainsi que se connurent Mlle Birch et Alphonse de Lamartine.

Mme de Lamartine nous a dit que cette jeune fille, sans être une beauté, était une femme charmante. Elle ajoute, en mère peut-être plus résignée que prévoyante, que la beauté est un don plus dangereux qu'utile à celle qui la possède. Je suis bien certain que si sa future belle-fille avait été belle, elle n'aurait pas manqué de déclarer que la beauté était une faveur dont une jeune fille peut s'enorgueillir et dont se réjouit une belle-mère. Mais, enfin, elle la prenait telle qu'elle était.

J'ai essayé de me faire une idée de l'aspect de cette jeune personne. Un secrétaire de Lamartine, qui l'a beaucoup connue et qui en fut l'ami très respectueux et très dévoué, nous l'a dépeinte. Il nous dit que sa figure était ovale et encadrée dans de beaux cheveux bruns bouclés ; que ses yeux étaient pleins d'intelligence, qu'elle avait un front large et bien ouvert. Il dit aussi qu'elle avait le nez long ; mais il ajoute qu'il était fin, sans doute pour atténuer la longueur par la finesse, et qu'il descendait vers une bouche fermée et discrète.

Il nous parle aussi de son cou de cygne, et termine en disant que les épaules découvertes s'abaissent avec grâce. Quant à la taille, elle laisse deviner une courbe élégante.

MADAME DE LAMARTINE, FEMME DU POÈTE.

Je vous livre le portrait tel qu'il est. Pour ma part, je l'ai relu avec attention, et j'avoue qu'il m'a été absolument impossible d'en dégager les traits essentiels de la beauté de Mme de Lamartine. Je suis plus renseigné sur la grâce de Graziella, sur la beauté majestueuse de la princesse italienne et sur la délicatesse de Mme Charles, que je ne le suis après ce portrait sur les traits de la femme du poète.

Quel âge avait-elle ?

Ici, on a discuté à perte de vue. A vrai dire,

pendant toute sa vie, Mme de Lamartine a caché son âge, et mon expérience me permet de dire qu'une femme qui cache son âge est une femme qui veut qu'on la croie plus jeune qu'elle ne l'est en réalité. Mais les actes de l'état civil sont indiscrets ; ils ne nous dissimulent rien. Ils nous disent que Marianne-Elisa Birch était née le 13 mars 1790 ; ils nous disent aussi que Lamartine était né le 21 octobre 1790. Je ne crois pas, par conséquent, commettre une erreur de calcul en disant que la fiancée de Lamartine avait exactement sept mois et huit jours de plus qu'Alphonse de Lamartine lui-même.

L'aimait-il ?

Elle, elle l'aimait. Je dois dire que, dès qu'elle le vit, elle l'aima. Elle connaissait son génie, elle avait lu de ses vers ; la sœur de Lamartine lui avait donné l'occasion de les entendre et de les lire ; elle avait pressenti ce qu'il y avait de génie dans l'extraordinaire nature de ce jeune homme, avant même la publication des *Méditations Poétiques*. Et puis, Lamartine était un très bel homme, plein, à la fois, de force et de grâce ; il était fait pour séduire, et il fut toute sa vie, presque jusqu'à l'extrême vieillesse, un grand séducteur. Donc, elle, elle l'aimait. Mais, lui, l'aima-t-il ?

Voici sa correspondance, ou, du moins, en voici quelques extraits :

Je vous répète et je vous jure, avec une sincérité parfaite, que je vous ai consacré pour la vie tout ce que j'ai dans l'âme d'amour, de tendresse, de dévouement, tout moi-même enfin. Fiez-vous-en au bonheur que j'éprouve à vous voir, à vous entendre, à contempler ma félicité future dans vos yeux, à aimer avec tranquillité et confiance celle qui doit être dès à présent, et qui sera toujours, la meilleure partie de moi-même. Je sens que nous serons l'un à l'autre, parce que je ne trouverai en aucune autre tout ce que j'aime en vous.

Évidemment, il le lui dit. Je suis un peu moins certain qu'il le pensât, et peut-être se disait-il qu'il trouverait chez une autre, non pas des qualités morales supérieures à celles de cette jeune fille, car vous verrez qu'au point de vue moral, elle était véritablement admirable, mais peut-être d'autres charmes physiques.

Ceux qui se rappellent les *Lettres à la Fiancée*, de Victor Hugo, peuvent se rendre compte qu'elles étaient d'un tout autre ton et qu'elles manifestaient, celles-là, un amour exalté et une sincérité profonde. Mais, je l'ai dit, Lamartine voulait faire un mariage de raison, ou il se résignait à faire un mariage de raison, et, en même temps qu'il écrivait à sa fiancée les déclarations que j'ai citées, déclarations un peu froides, mais qui, malgré tout, pouvaient passer pour l'expression de l'amour, il écrivait à sa confidente, Mlle de Canonge :

La jeune personne est très agréable...

Il l'appelle « la jeune personne », ce qui montre qu'elle avait réussi à lui dissimuler son âge.

La jeune personne est très agréable et elle a une très belle fortune. Il y a des penchants communs, une conformité de goûts et de sympathie, tout ce qui peut rendre heureux un couple qui s'unit.

Évidemment, c'est plutôt de la résignation que de l'enthousiasme, et de la raison que de la passion.

Je ne déciderai jamais mon père à la moindre démarche. Cela me désole sans que je sois le moins du monde amoureux...

On le voit bien, même lorsqu'il écrit le contraire !

... Mais la chose était bonne et raisonnable, c'est tout ce que je pouvais espérer.

La chose était bonne, oui, parce qu'elle était raisonnable. C'est le mot qui revient toujours.

Et, enfin, Lamartine fait allusion à celle qu'il a véritablement aimée ; il l'avait aimée morte plus qu'il ne l'avait aimée vivante ; mais, tout de même, il avait passionnément aimé Mme Charles ; il fait donc allusion à cette rencontre de laquelle naquit un véritable amour, profond et sincère. Il dit :

De l'amour, en a-t-on deux fois, ou, du moins, le second n'est-il pas une ombre du premier ?

En réalité, c'est l'ombre du premier amour qu'il avait rencontrée. Mais les obstacles le passionnaient. L'union projetée était une chose raisonnable, et voici que de cette raison les obstacles vont presque faire une passion. Il y a, en effet, des obstacles de toutes sortes. Il y en a un qui vient d'un ami de Lamartine, Louis de Vignet ; un autre qui vient d'une amie de Mlle Birch, la jeune Clémentine de La Pierre, et, enfin, un troisième, le plus redoutable, vient de la future belle-mère de Lamartine, Mme Birch.

Procédons par ordre.

D'abord, un ami de Lamartine, Louis de Vignet, un ami tout à fait intime, désire, lui aussi, se marier avec Mlle Birch. Peut-être direz-vous :

— Mais, s'ils étaient deux à vouloir l'épouser, c'est que c'était véritablement une femme charmante !

Oui, si vous voulez. Mais je sais, malheureusement, que Louis de Vignet, qui était un très bel homme, qui avait une haute intelligence et du talent, n'était pas riche ; il ne dédaignait pas ce que, dans ce temps-là, on appelait déjà une héritière, et Mlle Birch était une héritière. Louis de Vignet fit entendre à son ami Alphonse de Lamartine que sa présence le gênait, que véritablement il avait eu tort de venir dans ce pays de Savoie, où lui, Louis de Vignet, pouvait espérer faire la conquête de cette Anglaise. Lamartine se conduisit en galant homme, mais nullement en amoureux : il déclara à son ami qu'il lui laissait la place pour huit jours. Il lui dit :

— Essayez. Si, au bout de huit jours, elle vous préfère, je partirai. Si, au bout de ce temps, elle ne vous a pas choisi, je resterai.

Louis de Vignet profita de sa semaine ; il fut charmant, il fut gracieux, il fut plein d'esprit, il offrit des bouquets, il offrit des sérénades. Mlle Marianne Birch fut également charmante avec lui ; mais, au moment où il semblait à Vignet qu'il avait définitivement conquis cette jeune fille et que son mariage allait se décider, que, par conséquent, Lamartine n'avait plus qu'à aller chercher femme ailleurs, voici que Marianne Birch s'aperçut, je ne dirai pas du piège, mais de l'intention : elle déclara très nettement au jeune homme qu'elle ne pouvait pas l'épouser, parce qu'elle en aimait un autre. L'autre, c'était Lamartine. Louis de Vignet se retira, Lamartine revint.

Et alors, voici le second obstacle :

Mlle Birch avait une amie, Mlle Clémentine de La Pierre. Aimait-elle Lamartine, ne l'aimait-elle pas ? Aimait-elle plus son amie qu'elle n'aimait Lamartine, aimait-elle plus Lamartine qu'elle n'aimait son amie ? Je n'en sais rien. Je conviens que ce sont des histoires embrouillées dans lesquelles il est très difficile de démêler la vérité. Ce que je sais, ce que je peux dire, c'est que, amoureuse ou non, c'était une assez vilaine petite personne. Je ne dis pas qu'elle ne fût pas jolie, je ne le dis pas parce que je n'en sais rien, et que, d'ailleurs, il faut en convenir, on peut être une très jolie jeune fille et mériter tout de même de s'appeler une très vilaine petite personne. Elle essaya d'expliquer à son amie que Lamartine ne l'aimait pas, qu'il était un homme instable, qu'il avait couru des aventures, qu'il en avait aimé d'autres, c'était vrai ; — et elle essaya de représenter à Mlle Birch que ce que Lamartine aimait en elle, c'était sa dot.

Sur le premier point, Lamartine se défendit, en disant presque textuellement ce qu'il avait dit dans sa première lettre :

Il est vrai que j'ai aimé une fois dans ma vie et que j'ai perdu par la mort l'objet de cet amour unique et constant. Depuis ce temps, j'ai vécu dans la plus parfaite indifférence...

(Qu'aurait dit la princesse italienne, si elle avait connu cette lettre !)... jusqu'au moment où je vous ai rencontrée.

Sur le second point, sur le reproche que lui faisait Mlle Clémentine de rechercher surtout la fortune et non la personne de Mlle Birch, Lamartine se défendit avec indignation. Vous savez, en effet, que Lamartine n'était pas un homme d'argent, — j'entends, par là, que l'argent ne comptait pas pour lui, qu'il le gâchait, et sa défense fut sincère. Et, pourtant, sa fiancée fut assez troublée par la campagne perfide de son amie ; elle en arriva (on n'a pas ses lettres, mais on peut en reconstituer des parties par les réponses de Lamartine), elle en arriva à écrire à Lamartine :

« Si l'on me force à renoncer à vous... »

Sur ces mots, Lamartine s'indigna et s'irrita. Et M. René Doumic, qui a publié dans *La Revue des Deux-Mondes,* il y a vingt ans, les lettres du poète à sa fiancée, a raison de dire, en commentant cette lettre, que, déjà, on y voit l'orateur ; on y voit la passion, l'ardeur, l'exaltation de l'orateur. Écoutez :

Je vous le dis avec franchise, je vous le dis dans mon désespoir, j'aurais donné ma vie mille fois plutôt que de les écrire ou de les concevoir jamais (les mots écrits par sa fiancée : « Si l'on me force à renoncer à vous... »). Jugez, si vous le pouvez, de l'impression qu'ils m'ont faite, tracés par vous après huit jours seulement. Achevez plutôt. Dites-moi que vous n'avez rien éprouvé, que vous vous êtes trompée vous-même, que ces courts sentiments n'ont été qu'un songe de votre âme..... que vous me redemandez vos serments, que vous me rendez les miens. Que ne pouvez-vous me rendre aussi mon indifférence et le repos dont je jouissais enfin quand, pour mon malheur, je vous ai vue ! Mais vous ne le pouvez plus. Je n'ai pas un cœur qui s'émeuve et qui s'abaisse aisément ! Quand j'aime, c'est pour la vie ; c'est d'une manière complète, absolue, inébranlable. Vous pouvez briser ce sentiment dans mon cœur, mais vous ne l'arracherez jamais. »

BUSTE DE LAMARTINE
PAR DAVID D'ANGERS.
(Collection de M. Louis Barthou).

Il y a de l'éloquence ; il faut bien dire aussi qu'il y a un peu de déclamation, et que ce passage de la lettre de Lamartine se ressent de *La Nouvelle Héloïse*, malgré que sa mère ait voulu interdire à son fils de relire Jean-Jacques Rousseau, qu'il avait lu dès ses premières années.

Mais voici surtout où l'orateur se révèle. Il reproche à Mlle Birch d'avoir tenu compte non de ses sentiments à elle, mais des sentiments qui lui ont été inspirés par une vilaine petite amie, et il dit :

Tous les amis du monde se réuniraient pour accuser votre amour, pour le blâmer, pour l'avilir, que je ne l'emporterais que plus triomphant. Est-ce avec leurs yeux que je vois ? Est-ce avec leur âme que je pense ? Est-ce avec leur raison que je juge ? Notre amour, c'est la partie la plus intime de notre être, c'est nous-même tout entier, et l'immoler ou l'asservir aux sentiments, aux volontés d'un autre, c'est s'enchaîner soi-même, c'est renoncer à sa propre individualité, c'est se faire esclave par son âme, et vous ne l'avez pas senti.

Voilà, ou je ne m'y connais pas, de la véritable éloquence.

En réalité, Mlle Birch le sentit très vite ; elle revint à Lamartine, elle consentit à accepter ses lettres, lettres très nombreuses, toujours assez froides, mais dans lesquelles elle voyait de la passion, et Mlle Clémentine de La Pierre en fut pour ce qu'il y avait de vilain dans son petit jeu.

Mais il y avait un troisième obstacle : il y avait

la belle-mère. Mme de Lamartine avait écrit dans son Journal que la mère faisait tout ce que sa fille lui demandait. Mme de Lamartine se trompait. La mère ne faisait pas tout ce que sa fille lui demandait, et, en réalité, la mère de Lamartine commettait deux erreurs : elle s'était méprise sur les sentiments de la mère de Mlle Birch, et, en même temps, sur ceux de son mari et de ses beaux-frères. Je dois dire, en effet, que, du côté de la famille de Lamartine, il n'y eut pas les résistances auxquelles on aurait pu s'attendre. L'oncle l'abbé, dont je regrette de n'avoir pas la possibilité de parler, et deux tantes, consentirent à payer, après un très grand fracas (c'est Lamartine qui le dit), les dettes très considérables qu'il avait contractées. De ce côté-là, par conséquent, les choses s'arrangèrent assez vite, et même le père de Lamartine consentit à faire la demande. Mais Mme Birch ne l'entendait pas de cette oreille, et voici ce qu'elle écrivait en réponse aux deux lettres qu'elle avait reçues, l'une du père de Lamartine, et l'autre d'Alphonse lui-même. Je les reproduirai, non pas telles qu'elles sont écrites parce qu'elles sont dans un style impossible à publier ; je les reproduirai à peu près en français :

Le 28 septembre 1819.

« Monsieur,

(C'est au père de Lamartine qu'elle écrit.)

« Je viens de recevoir, aujourd'hui, la lettre que vous m'avez fait l'honneur de m'écrire le 21 de ce mois, au sujet de ma fille. Il n'était guère possible que je ne m'aperçusse pas des attentions de M. votre fils pour elle, et j'ai appris aussi avec quelque grande surprise qu'à la suite d'une connaissance de peu de jours il lui avait fait une déclaration, et, si je ne l'avais pas regardé comme un goût passager, je me serais fait un devoir de le prévenir que, malgré ses talents supérieurs que j'admire comme tout le monde, cet établissement n'entrera pas dans mes projets et les vues que j'ai pour ma fille.

« Ma fortune n'est non plus considérable, et elle n'a rien de mon vivant que le peu que j'aurai pu lui céder.

« Je ne puis qu'être flattée de la bonne opinion que M. votre fils a conçue d'elle, et, en lui souhaitant toutes sortes de prospérités, j'ai l'honneur d'être, monsieur, avec beaucoup de considération, etc... »

Vous voyez que le « beaucoup de considération » s'accompagnait de quelque amertume. Il y en avait davantage dans la lettre datée de Turin, 12 octobre 1819, que Mme Birch écrivait à Lamartine :

« Monsieur,

« J'ai répondu à la hâte à M. votre père la veille de notre départ pour Turin, pour ne pas vous laisser dans l'inquiétude de mes sentiments sur le sujet de sa lettre. La vôtre m'a été remise depuis, de Chambéry, et il est bien pénible de répéter des choses qui pourraient paraître désobligeantes... »

(Elles l'étaient, vraiment !)

« ... quoique vous pouviez vous figurer que j'attache mon bonheur à voir ma fille établie avec un homme de mon pays et de ma religion. »

J'ai omis de vous dire, en effet, que Mme Birch et sa fille étaient protestantes. Cette religion pouvait être, dans l'esprit de Lamartine, un obstacle, parce qu'il avait à redouter que son père, que sa mère, que ses oncles, que ses tantes, ne consentissent pas à une union avec une protestante. Mais, en réalité, si elle était protestante, Mlle Birch avait des tendances catholiques, et, effectivement, elle ne tarda pas à se convertir au catholicisme.

Donc, la future belle-mère, qui, d'ailleurs, ne voulait pas du tout être une belle-mère, du moins celle de Lamartine, entendait que sa fille s'établît avec un homme de son pays et de sa religion. Lamartine pouvait changer de religion, il n'y songea même pas ; je conviens qu'il lui était difficile de changer de pays, et il en avait moins encore l'intention.

« Je ne doute nullement, monsieur, de vos bonnes dispositions ; mais, sans avoir d'objections personnelles, il y a longtemps que j'ai fait ma détermination de ne faire ménage avec personne. »

Cela veut dire que cette dame voulait vivre seule, et que si sa fille se mariait, elle ne voulait surtout pas vivre avec son gendre.

« Je suis aussi persuadée que, si vous quittiez votre famille et votre pays... »

Lamartine, en effet, lui avait offert de se rendre en Angleterre et d'y habiter.

« ... la nôtre ne vous conviendrait guère, même si vous avez la fortune qui suffirait pour vous y établir. »

Par conséquent, Mme Birch lui dit très nettement qu'il n'a rien à faire en Angleterre, que c'est un pays dont le climat ne conviendrait pas à sa santé, et elle émet des doutes sur la fortune du candidat à la main de sa fille.

« J'y vis très modestement et sans l'aisance que je désirerais à ma fille, qu'on peut trouver sur le continent, et je vous assure qu'un jeune homme sans emploi et avec peu de fortune ne pourrait pas vivre du tout convenablement en Angleterre et n'y serait pas heureux.

« Après cette explication, je me repose avec confiance que cette affaire n'ira pas plus loin, et suis, monsieur, avec beaucoup de considération, etc... »

Vous voyez qu'elle a exactement pour le fils la même considération que pour le père, ce qui ne l'empêche pas de leur signifier un congé formel.

Mais les négociations reprennent, car Mlle Birch aime Lamartine, et Lamartine s'entête dans ce projet.

La belle-mère a dit qu'il n'a pas de fortune et qu'il n'a pas d'emploi. Il a de la fortune ou, tout au moins, sa famille en a ; elle consent à des sacrifices, en sorte que la dot que l'on peut aligner est sensiblement égale, et même, avec les « espérances », sensiblement supérieure à celle de Mlle Birch. Quant à l'emploi, oui, à ce moment, il est sans emploi ; il vit dans l'incertitude de son destin, dans l'oisiveté, il cherche une occupation. Je vous ai dit qu'il a voulu être sous-préfet, qu'après avoir vainement tenté de trouver un poste dans l'administration, il cherche à entrer dans la diplomatie. Mais voici un événement qui va sinon lever les objections, du moins rendre moins obstinée la résistance de Mme Birch. Au début de mars 1820, Lamartine est nommé officieusement à la légation de Naples. En réalité, sa nomination officielle ne viendra qu'un peu plus tard ; mais, dès ce moment, il sait, il peut affirmer qu'il va être nommé à la légation de Naples, et que, par conséquent, il a un emploi. Et puis, il se produit un fait considérable dans la vie de Lamartine : le 20 mars 1820, paraissent les *Méditations Poétiques*, et l'on sait qu'il y a peu d'exemples d'un livre ayant obtenu un succès aussi rapide, aussi prodigieux et aussi mérité. Je ne dirai pas que c'était la transformation de la poésie, je dirai que c'était la résurrection de la poésie. Il y avait, à ce moment, de grands poètes en prose ; il y avait Chateaubriand, pour nommer le plus grand. On venait de publier, un an avant, les poésies d'André Chénier. Mais André Chénier était d'une autre école ; il appartenait presque à l'époque classique.

Il me souvient d'une définition donnée par Victor Hugo, qui fut parmi ceux qui saluèrent de leurs applaudissements, de leur enthousiasme, de leur gratitude littéraire, les *Méditations Poétiques* de Lamartine. Dans *Le Conservateur Littéraire*, journal dirigé par Victor Hugo et par ses deux frères, en réalité par lui tout seul, parut un article dans lequel, à dix-huit ans, le futur chef du romantisme émettait sur Lamartine et sur André Chénier, qu'il comparait l'un à l'autre, une appréciation qui est restée profondément vraie. Il disait d'André Chénier que c'était un romantique parmi les classiques, et de Lamartine que c'était un classique parmi les romantiques. Quand on met en parallèle André Chénier et Lamartine, on ne peut rien trouver de plus profond ni de plus exact.

Donc, les *Méditations Poétiques* eurent un très grand succès ; il y avait des pièces qui avaient été inspirées par le souvenir d'Elvire, mais il y en avait une, *L'Automne*, qui se terminait par ces vers :

> Au fond de cette coupe où je buvais la vie,
> Peut-être restait-il une goutte de miel.
> Peut-être l'avenir me gardait-il encore
> Un retour de bonheur dont l'espoir est perdu !
> Peut-être dans la foule une âme que j'ignore
> Aurait compris mon âme et m'aurait répondu.

Il y avait eu, en effet, dans la foule, une âme qui avait compris et qui avait répondu : c'était Mlle Birch. Quand elle vit que Lamartine avait un emploi, qu'il avait été distingué par le pouvoir et qu'il entrait dans la diplomatie, Mme Birch s'humanisa, mais non sans garder encore quelque raideur ! Elle écrivait, en effet, à Lamartine :

« MONSIEUR,

« J'apprends, avec beaucoup de satisfaction, que vous êtes en état de convalescence (Lamartine avait été gravement malade) et que vos affaires ont pris la tournure que vous souhaitiez et qui était vraiment nécessaire pour rendre la situation de ma part raisonnable. Je pense que vous attendrez que votre santé soit parfaitement rétablie avant d'entreprendre le voyage d'Italie. Vous me trouverez disposée à faire tout ce qu'en bonne mère je croirai devoir contribuer au bonheur de ma fille, quoique aux dépens des vœux que j'avais formés jusqu'ici.

« J'ai l'honneur d'être, monsieur, avec beaucoup de considération... »

Il est extraordinaire de constater combien Mme Birch dépense de la considération à l'égard de gens qu'elle maltraite ! Chacun a compris, en effet, le sens de cette lettre ! Elle dit qu'elle fera tout ce qui pourra contribuer au bonheur de sa fille ; mais elle ne dissimule pas à Lamartine que ce mariage ne lui convient pas encore beaucoup, puisqu'elle dit n'y consentir « qu'aux dépens des vœux qu'elle avait formés jusqu'ici ».

Mais les choses vont se précipiter ; Mlle Birch est très amoureuse ; elle désire passionnément la réalisation de son cher projet. Et Lamartine écrit, le 4 mars :

Je voudrais que ce mot fût assez tendre pour vous peindre tout ce que je sens tous les jours et à tous les moments du jour.

Le 18 mars :

Ah ! quand pourrai-je vous voir et vous parler ? Je soupire après cet heureux instant, et plus mon bonheur s'approche, plus il me semble grand.

Est-ce un langage d'amoureux passionné ? Vous en jugerez. Mais, ce que je sais bien et ce que je dois dire, c'est que, pendant la grave maladie de Lamartine, la princesse italienne était revenue. Lamartine avait rencontré Mlle Birch à Aix au mois d'août 1819 ; il fut très gravement malade, il fut presque mourant au mois de janvier et au commencement de février 1820, et voici ce qu'il écrivait à soixante-treize ans, dans ses *Souvenirs*, un des livres les plus délicats et les plus profonds qu'il ait écrits :

Je serais bien ingrat si mon âme ne débordait pas d'enthousiasme et de reconnaissance envers cette âme de l'humanité qu'on appelle femme, mère, fille, de tous les noms qu'il faut aimer ici-bas. Une surtout, une Italienne de grande origine, de beauté rayonnante, de grâce ineffable, dont l'âme illuminait le jour et qui emportait en s'en allant la moitié de la lueur de ma chambre, ne craignait pas de monter et de passer des matinées entières, comme une sœur hospitalière, auprès de mon alcôve, bravant les fausses interprétations pour obéir à une amitié qui défie tout, parce qu'elle est sûre d'elle-même.

Mme de L... me faisait la lecture des romans de Walter

harmonie 17me.

— a Montherot — Milly. —

pourquoi le prononcer ce nom de la patrie ?
dans son brillant exil mon cœur en a frémi !
il résonne de loin dans mon ame attendrie
comme le bruit des pas ou la voix d'un ami !

Montagnes que voiloit le brouillard de l'automne
Vallons que tapissoit le givre du matin !
saules dont le tonseur effeuilloit la couronne
Vieille tours que le soir doroit dans le lointain !

FAC-SIMILE DES DEUX PREMIÈRES STROPHES DE MILLY OU LA TERRE NATALE DANS LES HARMONIES POÉTIQUES.
(Collection de M. Louis Barthou).

Scott, qui paraissaient alors pour la première fois. Sa voix timbrée d'argent, et à laquelle l'accent étranger donnait une tendresse de plus, résonne encore à mon oreille.

Son oreille avait, à ce moment-là, soixante-treize ans bien comptés.

Revenons au mois d'août 1820. Il écrit à la marquise de Raigecourt, celle à laquelle il avait demandé de lui obtenir des renseignements, et il dit :

La jeune personne (toujours la jeune personne !) vient de faire son abjuration secrète. Je tâche de me rendre le plus amoureux possible. J'aurai une véritable perfection morale ; il n'y manque qu'un peu plus de beauté, mais je me contente bien de ce qu'il y en a.

On a pu juger, par le portrait de M. Charles Alexandre, que, tout de même, il y en avait un peu, sinon dans l'ensemble, du moins dans les détails.

En 1818, le poète écrit à de Virieu :

Tu me parles de passions à faire... (C'est avant qu'il ait rencontré Mlle Birch ; mais je rapproche intentionnellement les textes). Ah ! grand Dieu ! il n'y a plus de germe dans mon âme ; mais je serais bien heureux de pouvoir seulement aimer d'une douce tendresse une femme, si jamais j'en ai une.

Et, deux ans après, il écrit, toujours au même ami :

Je te dirai le fin mot à toi tout seul : c'est pour la religion que je veux absolument me marier et que je me donne tant de peine.

Et il développe cette idée. Il dit qu'il y a des lois divines et qu'il y a des lois humaines ; il est attentif et fidèle aux unes et aux autres. Dieu et le Code civil commandent de se marier, — du moins, Dieu le commande et le Code civil en donne les moyens. Alors, Lamartine est tout à fait disposé à obéir à Dieu en empruntant les moyens offerts par le Code civil. C'est donc par religion qu'il se marie. Et voici le mot décisif ; écoutez-le, il vous donnera la clé de ce mariage, qui ne fut pas, d'ailleurs, un mariage malheureux :

J'aime décidément ma femme, à force de l'estimer et de l'admirer. Je suis content, absolument content d'elle, de toutes ses qualités, même de son physique.

Il en est temps, car, au moment où il écrit ces lignes, il n'est plus qu'à trois semaines de son mariage, et c'est vraiment bien tard pour s'apercevoir que sa femme n'est pas trop désagréable.

Le contrat de mariage est signé le 25 mai, dans la chapelle de la famille de La Pierre.

Voici un document inédit, quatre pages écrites tout entières de la main de Mme de Lamartine mère ; c'est peut-être un extrait égaré de son Journal.

Egaré, mais non perdu, puisqu'il est venu entre mes mains. Mme de Lamartine y raconte le mariage de son fils, et vous saurez tout ce qu'on peut en savoir, car elle s'exprime avec une entière franchise. Elle a de très bons yeux, elle a très bien vu, elle ne veut pas se faire illusion à elle-même ; c'est pour elle qu'elle écrit :

« Hier a été une journée bien mémorable pour moi. L'on a passé le contrat de mariage de mon fils avec Mlle Birch, dont j'ai souvent parlé. Enfin, Dieu nous a fait la grâce de réussir ce mariage contre lequel il y avait tant et de si grands obstacles. Que ne fait-il pas sans cesse pour moi et mes enfants !

« Je ne doute pas que cette sixième fille que je viens d'acquérir ne soit tout à fait suivant son cœur. Elle a abjuré la religion protestante il y a déjà quelque temps, à l'insu de sa mère, qui sait bien qu'elle est absolument catholique dans l'âme, mais qui, tant qu'elle est sous sa domination, se fait un devoir de conscience d'empêcher qu'elle ne quitte publiquement la croyance où elle a été élevée.

« Cette pauvre femme a eu beaucoup de peine à consentir au mariage, et je le conçois facilement. A présent, elle est très bonne pour Alphonse, qu'elle paraît aimer beaucoup.

« Hier matin, pour commencer ma narration,

je suis partie avec Alphonse et Suzanne à sept heures du matin. Nous sommes venus à Chambéry. Nous nous sommes rendus, à midi et demi, à Caramagne, charmante maison de campagne où logent Mme la marquise de La Pierre, ses quatre filles, Mme Birch et sa fille. Nous étions attendus à dîner.

« Je n'ai pas encore parlé, dans mon Journal, de mon voyage à Chambéry et de ma future belle-fille, que je n'avais fait qu'apercevoir lors du mariage de Césarine. C'est ici l'occasion d'en faire le portrait. Elle a vingt-six ans, une très belle taille, aisée et gracieuse ; contre l'ordinaire des Anglaises, des cheveux châtains superbes, de jolis yeux bruns, pleins d'esprit et de douceur, le nez grand et mince, la bouche assez bien, des dents blanches mal rangées, celles de devant larges et un peu avancées, le menton, le tour du visage très bien, l'expression de la physionomie extrêmement agréable, un col superbe, le teint hâlé et rouge quelquefois, un peu d'échauffement et de maigreur, ce qui tient beaucoup aux tourments qu'elle a éprouvés tant pour son mariage que pour son changement de religion et la maladie d'Alphonse. »

Voilà pour son extérieur.

« Quant aux qualités de son âme et de son esprit, elles sont extrêmement distinguées. Elle a tous les genres de talents et d'instruction. Elle est excellente musicienne, elle peint à merveille, elle sait plusieurs langues, et elle a, avec tout cela, une simplicité, une modestie admirables. Elle a une justice solide et éclairée, beaucoup de raison. Je dois donc remercier sans cesse la Providence d'avoir donné une femme comme celle-là pour mon fils ; c'est absolument ce qu'il lui fallait et ce que j'aurais regardé comme impossible de trouver. Ayant aussi un peu de fortune actuellement, elle en aura sûrement une bien belle, parce que sa mère est fort riche et qu'elle est fille unique. Quant à présent, on lui assure 250.000 francs et on lui donne 5.000 livres de rentes actuelles. La mère demeure avec eux. Ils partiront pour Naples aussitôt après le mariage, qui se fera sûrement bientôt. Demain, ces dames vont à Genève pour différentes affaires. Alphonse et M. Louis de Vignet y vont aussi.

« J'ai eu encore bien des peines en tout ceci. D'abord, par rapport à Alphonse, dont la santé n'est pas telle que je voudrais, à beaucoup près ! Il a été à Aix avec nous, il prenait des bains, je craignais que cela ne l'épuisât encore. Il avait des moments de tristesse et de découragement qui, quoique j'y sois accoutumée, ne laissaient pas que de m'en donner beaucoup à moi-même. J'ai obtenu qu'il cessât les bains, et il est mieux. Il était fort bien, hier. Il s'est conduit à merveille, avec toute la noblesse, la convenance, la sensibilité qu'il devait avoir. Il était très beau.

« Le contrat devait se passer à quatre heures : mais il en était à peu près dix quand tout a été prêt. C'était fort imposant. Ce salon de Caramagne est beau. Il y avait une nombreuse et excellente compagnie, composée du gouverneur et de sa femme, de M. le comte de Maistre, chancelier du roi de Sardaigne, oncle de M. de Vignet, qui se trouve ici en ce moment parce qu'il va au mariage de sa fille, qui épouse M. de Valence. Son fils, le comte Rodolphe de Maistre, y était aussi. Ce jeune homme, de l'âge d'Alphonse, est déjà colonel, ayant quantité d'ordres savoyards et étrangers. Son père, le comte de Maistre, est un homme dont le mérite est si connu qu'il est inutile que j'en parle ici. J'étais bien aise de le connaître, étant si distingué en tout genre. Il m'a fait un accueil charmant à cause de l'espèce d'alliance qui est entre nous. Malheureusement, il paraît assez malade, c'est la suite de tous ses travaux. J'ai été passer la soirée chez lui en revenant de Caramagne.

« Les autres témoins du contrat étaient le chevalier de Maistre, père du comte, qui était venu à Mâcon pour le mariage de Césarine, un président de la famille de Vignet, la famille de La Pierre.

« Après la signature, les compliments et la cérémonie qui la terminent ordinairement, on a fait une légère collation, on s'est promené et retiré avant la nuit. J'étais fatiguée. Et une autre de mes peines, qui a été assez vive, c'est que je n'avais point de présent pour ma belle-fille ; mon amour-propre était dans une grande souffrance. J'en ai fait mon sacrifice. D'ailleurs, Alphonse n'en avait pas non plus. Il donnera une bourse ; la circonstance du voyage est une bonne excuse. »

En réalité, la famille avait payé, non sans un « grand fracas », les dettes très considérables de Lamartine ; mais, malheureusement, il n'y avait pas beaucoup d'argent liquide à la maison, et Lamartine fut ainsi dans l'impossibilité de faire un cadeau important à sa fiancée.

Ils partirent pour Naples, mais pas seuls ; Mme Birch était du voyage. La belle-mère s'était, cette fois, humanisée tout à fait. Il y a des belles-mères qui aiment les voyages : celle-ci les aimait. Elle mit une sorte de vieille calèche à la disposition des deux jeunes époux et elle partit avec eux. Je ne sais si sa fille en fut très heureuse ; mais je doute que Lamartine en ait éprouvé un immense bonheur.

A la date du 7 juillet 1820, Mme de Lamartine mère dit dans son Journal :

« Des femmes du village, qui avaient entendu

dire qu'on parlait dans les papiers publics de l'assassinat d'Alphonse sur la route de Rome à Florence par des brigands, ont eu la cruauté de venir me répéter en pleurant cette fausse nouvelle. On m'avait caché les journaux, qui contenaient, à ce qu'il paraît, cette tragique aventure, dont je ne conçois pas l'origine. Heureusement, j'ai reçu, ce matin, une lettre de lui, d'une date postérieure à celle qu'on donnait à mon malheur. J'étais rassurée avant d'être inquiète, néanmoins très émue à cette seule idée. Que serais-je devenue si je n'avais pas eu cette lettre, et combien de semblables bruits imprimés par les journalistes ne pourraient-ils pas tuer de mères ! J'attends avec anxiété une autre lettre, car je crains toujours qu'il n'y ait eu un fondement quelconque à cette erreur...

« Je sais par son ami, M. de Virieu, qu'il redoutait de revoir en Italie une personne qui ne lui pardonne pas son mariage. Serait-ce cela, ou autre chose, ou rien ? Que Dieu le bénisse et le protège comme je le bénis ; mais lui seul peut protéger. »

Dieu a protégé Alphonse de Lamartine. Mais il avait bien été attaqué, pas sur la route de Florence à Rome, mais sur la route de Rome à Naples. — Non pas par des brigands, comme les journaux de l'époque l'avaient dit : l'instinct de la mère ne l'avait pas trompée, elle n'avait pas tort de s'en rapporter au témoignage de M. de Virieu et de redouter que la jeune personne que Lamartine avait aimée ne l'eût fait attaquer sur la route. En effet, il est absolument certain que Lamartine eut affaire, en la circonstance, à la princesse italienne. Si j'ai parlé d'elle, c'est qu'elle a joué, comme on le voit, un rôle très important dans ce mariage, et si les gens qu'elle avait apostés sur la route de Rome à Naples avaient été plus adroits ou plus courageux, elle serait venue à ses fins. Cette belle princesse italienne avait la rancune tenace et meurtrière. Elle avait été désespérée en apprenant le mariage de Lamartine ; elle avait voulu le faire assassiner. Heureusement pour la femme de Lamartine comme pour la littérature française, elle ne réussit pas dans la réalisation de cet atroce attentat.

Le voyage se termina bien.

Vous avez vu qu'il y a des coïncidences singulières. C'est à Chambéry, c'est près du lac du Bourget que Lamartine avait rencontré Mlle Birch, dans ce pays même où il avait rencontré et aimé Mme Charles. Les nouveaux mariés vont à Naples, et c'est à Ischia qu'ils font leur voyage d'amour.

Les *Nouvelles Méditations* contiennent, à la fois, des poésies qui sont adressées à Mme de Lamartine, et d'autres qui sont adressées au souvenir d'Elvire. Il y a une élégie émouvante qui est pour Elvire ;

il y a une pièce dont le titre dit tout : *A Elvire*, et il y a l'immortel *Crucifix*. Mais il y a aussi des pièces qui sont adressées à Mme de Lamartine ; il y a notamment, dans la pièce des *Préludes*, qui est un chant admirable, une des plus belles poésies, des plus diverses, des plus nuancées, des plus émouvantes que Lamartine ait écrites (c'est un de ses chefs-d'œuvre, c'est un chef-d'œuvre) ; il y a, dis-je, dans les *Préludes*, un passage d'amour où il est question de la femme du poète. Je dois dire qu'il existe dans le même recueil un autre chant d'amour qui ne s'adresse pas à elle ; c'est le chant le plus beau, le plus tumultueux que Lamartine ait écrit. On dit qu'il lui a été inspiré par l'amour de sa femme ; en réalité, il doit son inspiration au *Cantique des Cantiques*, et Lamartine n'a pas plus pensé à sa femme en écrivant ce voluptueux poème, que Victor Hugo ne pensait à la sienne en écrivant dans *La Fin de Satan*, d'après le même texte, l'admirable *Cantique de Bethsabée.*

A partir du moment où Alphonse de Lamartine et Mlle Birch sont mariés, le ménage est heureux, d'un bonheur tempéré — je dois le dire, parce que je dis ici à peu près toute la vérité — par quelques infidélités de Lamartine. Mais la femme aime son mari. Ils voyagent ensemble ; il y a une partie du *Voyage en Orient* qui est écrite par Mme de Lamartine ; son mari lui cède la plume, et c'est elle qui, dans un certain nombre de pages très sobres et très claires, où il n'y a pas beaucoup de pitto-

JULIA DE LAMARTINE. (Portrait peint par Mme de Lamartine).

resque, pas beaucoup d'art, note leurs impressions communes.

Ce voyage est attristé par la perte de leur enfant. Ils avaient eu, quelques mois après leur mariage, un enfant venu avant terme, qui avait vécu un an et demi, qui s'appelait Alphonse, comme son père ; ils avaient eu, deux ans après le mariage, une fille qu'ils avaient appelée Julia, en souvenir de Madame Charles, sans doute. Elle avait dix ans, c'était une enfant exquise qui avait toutes les qualités physiques et morales ; ils la perdirent au cours du voyage, et sa mort a inspiré à Lamartine des vers admirables. On ne les trouvera pas dans son œuvre poétique ; pour les lire et les admirer, il faut aller les chercher dans le *Voyage en Orient*. Il y a des strophes magnifiques. A mon sens, l'architecture en est un peu travaillée. Je me garderai bien de dire que la pièce manque de sincérité : on est sincère dans ces grandes douleurs ; mais il y a des moments où l'artiste, chez Lamartine, domine peut-être le père.

Je comparais tout à l'heure les trois chefs-d'œuvre immortels que le souvenir a inspirés ; j'hésitais entre Alfred de Musset, Lamartine et Hugo. Mais, ici, je ne pourrai pas hésiter. Vous savez que Victor Hugo, lui aussi, avait perdu sa fille ; il a poussé, dans *Les Contemplations*, dans la partie qui s'appelle *Pauca meæ*, des cris admirables ; il a écrit le poème *A Villequier*, et ce poème est tellement beau, la résignation en est tellement sublime, que Veuillot, qui n'aimait pas Hugo, — lequel, du reste, le lui rendait bien, — a écrit qu'il n'y avait pas de plus beaux vers dans la langue française. Je suis tenté d'être de son avis.

Mme de Lamartine était une femme dévouée, active, généreuse ; j'ai sous les yeux des lettres qui ont été publiées par Alphonse de Lamartine, lettres écrites par elle en 1838 et en 1839. Elle avait, sinon fondé, du moins développé une œuvre qui avait pour objet de prendre à leur sortie de Saint-Lazare les femmes ou les filles, d'essayer de les relever dans la vie, de leur donner une éducation morale, avec l'aide de quelques dames patronnesses ; il y avait les duchesses de Liancourt, de Maillé, Mme Récamier ; les marquises de la Grange, les comtesses de Boigne, de Roy, de Biancourt, de Chatenay, de Meulan... Mme de Lamartine s'intéressait à ses jeunes protégées ; sa correspondance est touchante : elle les appelle par leur nom, par leurs prénoms ; elle les prend à leur sortie de prison, elle les recommande à ses amies ; en même temps, elle organise des loteries pour elles, une, notamment, où elle indique qu'un des lots consistera en trois pages de vers de Lamartine.

Si elle est dévouée aux pauvres, si elle est bonne, si elle est généreuse, elle est aussi admirablement dévouée à son mari. Elle partage sa gloire, elle vit avec lui les jours heureux, puis les jours triomphaux, mais dangereux, de février 1848. Elle connaît aussi les heures de détresse. Elle est à côté de cet homme accablé par la destinée, comme une sorte de sœur qui l'aime passionnément, qui le sert avec dévouement, qui lui est profondément, j'allais dire religieusement attachée. Non contente d'aider, dans la mesure où elle le peut, à lui dissimuler à lui-même ses dettes et à les payer quelquefois en secret, elle s'intéresse à son œuvre ; quelquefois, du reste, elle s'y intéresse d'une façon qui n'est pas tout à fait pour me plaire. Ainsi, par exemple, en 1859, elle prie M. Charles Alexandre, le secrétaire de Lamartine, de collaborer avec elle à un travail inattendu : il s'agit d'effacer, — comment dirai-je ? — de vêtir les nudités qui se rencontrent dans *La Chute d'un Ange* ; et alors, la femme et le secrétaire mettent des vêtements à l'héroïne de ce poème. Oh ! ne songeons pas à leur en faire un trop grand reproche : Lamartine leur avait donné l'exemple. Il avait préparé des *Lectures pour Tous* et des extraits de ses œuvres qui devaient s'adresser à des jeunes filles, à des enfants, et, ayant trouvé que la fin du *Lac* était peut-être un peu libre et évoquait des idées, des sentiments ou des sensations que ces jeunes filles ne devaient pas soupçonner :

Que tout ce qu'on entend, l'on voit ou l'on respire,
Tout dise : « Ils ont aimé ! »

Lamartine avait eu l'idée singulière de changer le dernier vers et de substituer à : « Tout dise : *Ils ont aimé !* », ce vers : « Tout dise : *Ils ont passé.* »

Mme de Girardin, qui avait de l'esprit, n'accepta pas ce changement, et, écrivant à une nièce de Lamartine, Mme de Pierreclos, elle lui disait :

« Il eût mieux fait de mettre : *Ils ont fumé !* La rime eût été plus riche et c'eût été plus conforme à nos mœurs. » Et Mme de Girardin ajoutait, non sans malice : « O vertu, que de crimes on commet en ton nom ! »

Heureusement que la vertu de Lamartine ne commit pas le crime de corriger *Le Lac* ; mais, malheureusement, la vertu de Mme de Lamartine réussit à corriger *La Chute d'un Ange.*

Elle avait, d'ailleurs, d'autres qualités. Je vous ai dit qu'elle était bonne ; elle n'était pas moins pieuse. Elle ne s'était pas convertie au catholicisme pour se marier, ce ne fut pas une abjuration que l'amour lui avait inspirée : c'était une conversion qui venait de sa raison et de sa réflexion. Elle avait étudié les controverses entre les protestants et les catholiques, elle était très informée en cette matière, et ce sont ces controverses qui lui avaient révélé la religion catholique dans laquelle elle était entrée. En même temps que très bonne, très dévouée, très bienfaisante, elle était très instruite; elle connaissait la littérature de son pays; elle connaissait aussi la littérature française. Elle porte, dans les lettres très nombreuses qu'elle a écrites, des jugements extrêmement sages, raisonnables, pondérés, sur les écrivains dont Lamartine entretient le public dans son *Cours Familier de Littérature*. Enfin, elle compose des livres de piété. En 1843, elle avait publié un premier ouvrage qui ne portait pas de nom d'auteur, pour l'éducation des toutes petites filles; et puis, comme ces petites filles avaient grandi, qu'il leur fallait une direction morale, chrétienne et catholique appropriée à leur âge, en 1860, elle publia la seconde partie de l'ouvrage. Il y a là de très belles pages qui célèbrent l'élévation de cœur à Dieu dans la maladie. Je ne sais si ce titre n'a pas été inspiré par Beethoven à Mme de Lamartine. Ne croyez pas que ce soit une pure hypothèse! Il y a, dans Beethoven, une sonate admirable qu'il a composée après avoir été malade, et dans laquelle il remerciait Dieu de l'avoir guéri. Or, non seulement Mme de Lamartine aimait la musique, mais elle aimait passionnément Beethoven. Quoi qu'il en soit, elle termine cette élévation en disant:

« Mon Dieu, tout ce que vous ordonnez ou permettez est pour notre bien. Faites que cette maladie me profite pour la vie éternelle. »

Le 22 mai 1863, elle mourait après de grandes

souffrances, mais dans des sentiments catholiques ; elle mourait tandis que Lamartine était lui-même très gravement malade dans la chambre voisine. Elle fut soignée avec un très beau dévouement par une admirable femme, Mlle Valentine de Lamartine, la nièce du poète, dont, pendant quelque temps, elle avait été injustement jalouse.

Valentine de Lamartine a écrit un *Remember* qu'elle envoya aux amis de son oncle et de sa tante ; c'était une notice où elle avait inscrit quelques passages des Livres Saints. J'en retiens deux passages empruntés à *L'Ecclésiaste* : « Là où elle n'est plus, le pauvre gémit. » Et celui-ci :

« Sa mémoire ne s'effacera pas de l'esprit des hommes et son nom sera honoré. »

Oui, son nom sera honoré, et il mérite de l'être. Oui, il est vrai que là où elle n'était plus, le pauvre avait gémi. Elle mérite de rester devant la postérité, comme elle l'a été dans la vie, la compagne inséparable de Lamartine.

Ah ! il n'est pas commode d'être la femme d'un grand homme ! Il n'est pas commode d'être la femme de Chateaubriand, de Victor Hugo ou d'Alfred de Vigny ; il n'est même pas commode d'être la femme de Lamartine. Ces hommes ont, au dehors, le succès, la popularité, la gloire ; quand ils rentrent chez eux, ils ne sont pas toujours aimables, et leur succès, leur gloire, leur popularité ne contribuent pas toujours, au dedans, à faire la sécurité, la tranquillité et le bonheur de leurs femmes. Vous rappelez-vous la fin de *Numa Roumestan ?* Numa était un pauvre homme grisé, égaré par une fausse grandeur ; mais le proverbe qu'il affectionnait peut s'appliquer aux vrais grands hommes :

Gau de carriero, doulou d'oustao

ce qui veut dire : « Joie de rue, colère de maison. » Oui, quelquefois, la joie de la rue amène la douleur dans la maison.

Mme de Lamartine ne fut pas toujours heureuse. Il y eut dans la vie du grand homme qu'elle aimait beaucoup de désordres qui ne tenaient pas toujours à sa comptabilité ; il y en eut qui se manifestèrent par des dettes, mais il y en eut aussi qui tenaient à des passions successives et désordonnées. Mme de Lamartine sut souffrir ; elle sut comprendre ; elle aima son mari, elle lui fut dévouée. A côté de cette fleur de l'intelligence qui s'appelle le génie, aux tons souvent violents et heurtés, elle sut mettre dans cette vie, pendant quarante-trois ans, fidèle et attentive, simple et dévouée, généreuse et heureuse de se sacrifier dans l'ombre de la gloire et du malheur, cette fleur du cœur aux tons nuancés et délicats qui s'appelle la bonté.

V

VALENTINE

On pourrait, au début de ce chapitre, placer une épigraphe empruntée à une tragédie de Sophocle. Accablé par le Destin, chassé de son trône et de sa ville, aveugle et réduit à la mendicité, Œdipe s'était réfugié à Colone. Il avait auprès de lui seulement, pour le secourir et le consoler, ses deux filles : Ismène et Antigone, surtout la fidèle, attentive et héroïque Antigone. Il les caressait de ses mains tremblantes, il les appelait auprès de lui : « Approchez, mes filles, de votre père ; laissez-moi vous serrer dans mes bras et goûter un bonheur que je n'espérais plus. Chers rejetons, soutiens de mes vieux ans, je tiens dans mes bras ce que j'ai de plus cher ; je ne mourrai point tout à fait malheureux, puisque vous êtes près de moi. Mes filles, soutenez-moi des deux côtés, serrez-vous dans les bras d'un père, que j'oublie le cruel abandon auquel j'ai été réduit. »

Évidemment, les malheurs de Lamartine, pour si grands qu'ils furent, ne sont pas comparables à ceux d'Œdipe. Mais, après avoir vécu des heures de péril, de joie, de triomphe et de gloire, telles que, de son propre aveu exalté, aucun homme n'en connut jamais, il eut des heures de détresse, de solitude et d'abandon. Il avait besoin d'une Antigone. Celle qu'il rencontra n'était pas sa fille, il l'avait perdue ; mais c'était sa nièce, et il en fit sa fille.

Je vous ai dit comment, pendant le voyage d'Orient, il avait perdu Julia, âgée de dix ans, et voici quelques-uns des vers émouvants et admirables que lui a inspirés cette perte cruelle :

C'était le seul débris de ma longue tempête,
Seul fruit de tant de pleurs, seul vestige d'amour,
Une larme au départ, un baiser au retour,
De mes foyers errants une éternelle fête !
C'était sur ma fenêtre un rayon de soleil,
Un oiseau gazouillant qui buvait sur ma bouche,
Un souffle harmonieux, la nuit près de ma couche,
Une caresse à mon réveil.

Son front se nuançait à ma moindre pensée.
Toujours son bel œil bleu réfléchissait le mien.
Je voyais ses soucis teindre et mouiller le sien
Comme dans une eau claire une onde est retracée.
Mais tout ce qui montait de son cœur était doux,

Et sa lèvre jamais n'avait un pli sévère
Qu'en joignant ses deux mains dans les mains de sa mère,
Pour prier Dieu sur ses genoux.

Maintenant, tout est mort dans ma maison aride,
Deux yeux toujours pleurant sont toujours devant moi.
Je vais sans savoir où, j'attends sans savoir quoi.
Mes bras s'ouvrent à rien et se ferment à vide.
Tous mes jours et mes nuits sont de même couleur.
La prière en mon sein avec l'espoir est morte.

Heureusement que la prière et l'espoir n'étaient pas morts pour toujours dans le cœur de Lamartine. Il remplaça sa fille, Julia, par sa nièce, Valentine. A partir du moment où il la connut, où il put pénétrer tout ce qu'il y avait de délicatesse et de douceur, d'élévation et de bonté dans ce cœur d'élite il n'eut plus le droit de dire que ses jours et ses nuits avaient la même couleur, et il aurait presque pu reprendre, pour les appliquer à Valentine, les vers que lui avait inspirés Julia :

C'était le seul anneau de ma chaîne brisée,
Le seul coin pur et bleu dans tout mon horizon.
Pour que son nom sonnât plus doux dans la maison,
D'un nom mélodieux nous l'avions baptisée.
C'était mon univers, mon mouvement, mon bruit,
La voix qui m'enchantait dans toutes mes demeures,
Le charme ou le souci de mes yeux, de mes heures,
Mon matin, mon soir et ma nuit.

Son ciel eut, à nouveau, des coins bleus et purs. Il retrouva, dans son univers, le bruit et le mouvement. Il eut, après la voix de Julia, une autre voix qui l'enchanta dans ses demeures ; ses yeux retrouvèrent un charme et ses heures eurent, hélas ! un nouveau souci. Et de la nièce il pouvait dire ce qu'il avait dit de la fille, qu'elle était son matin, son soir et sa nuit.

Mlle VALENTINE DE CESSIA DE LAMARTINE, NIÈCE DU POÈTE.

Qu'était Valentine ?

Elle était née en 1820. Déjà, j'ai marqué l'intérêt exceptionnel que cette année présente dans l'existence de Lamartine. Vous vous souvenez, en effet, que ce fut l'année où parurent les *Méditations*, immense succès poétique ; où Lamartine fut nommé à un poste diplomatique, ce qui marqua la fin de ses incertitudes et de son oisiveté ; ce fut aussi l'année de son mariage, un mariage de raison, mais qui le rendit heureux. Et il se trouve que cette année fut, en même temps, celle de la naissance de l'être qui devait charmer, enchanter et consoler les dernières années de son existence

Valentine était la fille d'une des sœurs du poète. Dans les *Nouvelles Confidences*, parues en 1851, Lamartine a parlé de ses cinq sœurs ; il les a dépeintes, il a indiqué leurs traits physiques et leurs qualités morales, et voici ce qu'il a dit de celle qui s'appelait Cécile :

Elle était l'aînée. Sa taille splendide eût été au niveau de celle de ma mère, si l'extrême modestie de sa nature, qui lui faisait redouter l'admiration comme un autre redoute la honte, n'avait un peu penché sa taille en avant et abaissé ses yeux pour échapper aux regards. Ses traits, qui rappelaient ceux de la famille de mon père, étaient plus ébauchés que finis, plus faits pour le premier coup d'œil que pour le second. C'était l'ensemble qui saisissait ; c'étaient les grandes lignes qui éblouissaient. Je ne sais dans quel rayonnement de splendeur douce cette physionomie nageait ; mais on n'en discernait que le charme. Les imperfections de détail disparaissaient entièrement, surtout à distance. Elle avait la grandeur, l'unité, la grâce, ces trois beautés capitales de la femme pour la foule qui n'analyse pas son impression. Aussi était-elle la beauté populaire de la famille, celle qu'on citait, celle qu'on préférait, celle qu'on aimait à voir passer dans les rues. Le peuple de la ville savait son nom ; il la montrait avec une fierté personnelle aux étrangers, à l'église, ou dans les promenades ; les passants se retournaient pour la voir ; les boutiques, les murs et les pavés en étaient épris. Elle ne s'en doutait pas. Elle avait pour toute coquetterie ses simplicités, ses timidités ses rougeurs. Grandissant encore, en retard sur ses années par l'enfance prolongée de son cœur, son charme n'était que le naturel, son caractère que le premier mouvement, son esprit que le premier mot, prompt et enfantin, mais souvent d'autant plus frappant qu'il est plus naïf.

Évidemment, Lamartine dépeint ici sa sœur Cécile ; mais je suis sûr de ne pas me tromper en disant qu'au moment où, en 1851, il traçait ce portrait admirable, il ne pensait pas moins à sa nièce qu'à sa sœur.

Il est extraordinaire, en effet, de constater à quel point la fille ressemblait physiquement à la mère, et combien, en même temps, elle devait à son hérédité maternelle d'admirables qualités morales qu'elle avait développées.

Quand Lamartine disait : « Je ne sais dans quel rayonnement de splendeur douce cette physionomie nageait, mais on n'en discernait que le charme », je le répète, il parlait de Cécile ; mais tous ceux qui ont connu Valentine de Lamartine l'ont retrouvée dans ce portrait et ont admiré chez elle cette splendeur dont il était ébloui et cette douceur dont il était charmé. Et quand Lamartine ajoutait

« qu'elle avait la grandeur, l'unité et la grâce, ces trois beautés capitales de la femme », ce n'était pas seulement pour la foule qu'il parlait, et ce n'était pas seulement de sa sœur qu'il parlait : il parlait pour lui et il parlait de sa nièce, car, d'après tout ce que j'ai lu et d'après tout ce que je sais, c'est, en effet, dans ces traits essentiels qu'on peut résumer la physionomie, l'allure et le caractère de Valentine. Elle avait la grandeur, l'unité et la grâce.

C'est après la mort de sa fille Julia que Lamartine connut Valentine d'une manière plus particulière. La maison était vide et triste. Trois nièces de Lamartine, trois filles de sa sœur Cécile : Valentine, Alphonsine, Cécile, vinrent apporter de la gaieté, du mouvement et de la grâce au foyer. Elles restèrent à Paris, chez leur oncle, pendant cinq ans, de 1835 à 1840. Elles aimaient toutes trois Lamartine, qui les adorait toutes trois, mais il avait une préférence. Il fut pris très vite d'un goût plus particulier pour l'aînée d'entre elles, pour Valentine, et Valentine lui rendit tout de suite en affection et en adoration passionnée le sentiment qu'il avait pour elle.

Les trois jeunes filles s'entendaient admirablement avec Lamartine ; je ne dirai pas qu'à ce moment-là elles purent s'intéresser à ses travaux, à l'exception de Valentine, qui commençait à lui servir de secrétaire, et transcrivait ses manuscrits ; mais elles savaient quelle était la gloire grandissante de leur oncle ; elles connaissaient la situation exceptionnelle qu'il avait dans la société parisienne ; elles

Le Chateau de Saint-Point.

n'ignoraient ni ses succès poétiques, ni ceux que lui valait son génie oratoire grandissant : c'était une des illustrations, peut-être la plus grande illustration de l'époque. Elles reconnaissaient dans leur oncle un homme de génie, elles l'adoraient et elles l'admiraient.

Il y avait aussi leur tante. J'ai parlé avec discrétion, et je dois dire avec respect, de Mme de Lamartine ; mais je n'ai pas dissimulé que la femme du poète, dont on ne saurait trop louer la générosité et le dévouement, n'était pas particulièrement attrayante. Elle était attachée à son mari, elle le servait fidèlement, elle l'aimait ; elle aimait moins les enfants de ses belle-sœurs. Peut-être entrait-il dans cette indifférence, ou dans cette apparente indifférence, une sorte de regret douloureux de sa fille perdue ! Quelqu'un qui l'a bien connue disait qu'elle aimait les enfants de sa famille, mais sans leur sourire. Elle ne souriait pas à ses nièces. Elle les élevait bien, leur apprenait le dessin (elle dessinait bien elle-même), s'intéressait à leurs études ; mais elle n'avait pour ces jeunes filles ni tendresse, ni grâce attrayante, et les enfants aiment le sourire.

Les trois petites nièces finirent par désirer revenir à la maison paternelle ; elles y revinrent en 1840. Valentine y retourna avec le plaisir de retrouver sa mère, mais certainement aussi avec le très vif regret de quitter son oncle. Elle rentra à Paris en 1843 ; son oncle ne put s'y rendre en même temps qu'elle ; mais, en 1844, elle eut une surprise.

L'année 1844 marqua, en effet, une des dates enchanteresses de son existence. Lamartine avait promis à un libraire *Les Girondins*, qu'il avait commencé à écrire ; ce libraire, prévoyant le succès du volume, avait, par anticipation, versé à Lamartine de l'argent ; et vous savez, hélas ! que Lamartine en avait toujours besoin ; il dépensait souvent l'argent qu'il n'avait pas, — à plus forte raison était-il porté à dépenser l'argent qu'il avait. Il décida un voyage et partit pour l'Italie, pour cet admirable golfe de Naples, où il avait trouvé Graziella, où il avait conduit sa femme, où il avait rencontré quelques-unes des plus belles inspirations poétiques. Il voyageait avec sa femme, sa sœur et ses nièces ; par conséquent, avec Valentine. Quand il arriva dans l'île enchanteresse, il entendit une jeune fille qui récitait de ses vers ; cette jeune fille appartenait à une noble famille et admirait grandement l'illustre poète français. Était-ce un hasard, était-ce une rencontre préméditée, je ne saurais vous le dire ; mais, ce que je sais bien, c'est que Lamartine en fut ravi, et qu'il écrivit des vers charmants à ce propos.

Ses Œuvres complètes, ne donnent pas le texte que j'ai sous les yeux. Ce texte, c'est le manuscrit même de Lamartine ; ce sont ses vers tels qu'il les a écrits à Ischia, le 6 septembre 1844, et comme ils sont au moins en partie inédits, je les publie sous cette forme :

Il est doux d'aspirer, en abordant la grève
Le parfum que la brise apporte à l'étranger,
Et de sentir les fleurs que son haleine enlève
Pleuvoir sur votre front du haut de l'oranger.

Il est doux de poser sur le sable immobile
Un pied lourd et lassé du mouvement des flots
Et de voir les pêcheurs et les femmes d'une île
Vous tendre les fruits d'or sous leurs treilles éclos.

Il est doux de prêter une oreille ravie
A la langue aux sons doux que l'on parlait amant,
Qui vous reporte en rêve à la fleur de la vie
Et qui résonne au cœur, musique et sentiment.

Il est doux pour un roi, quand, vainqueur, il arrive,
D'entendre au flanc des forts les salves du canon,
Du premier de ses pas faire trembler la rive
Et porter jusqu'au ciel les échos de son nom.

Mais de tous les accents dont le bord vous salue,
Aucun n'est aussi doux, sur la terre ou les mers,
Que le son attendri d'une voix inconnue
Qui parle au barde errant la langue de ses vers.

Multiplier son cœur par les cœurs qu'on inspire,
C'est le sort des poètes et le rêve des rois ;
Mais quand un sentiment chante comme une lyre,
L'écho s'appelle gloire en prenant votre voix.

N'avais-je pas raison de dire que ces vers sont charmants ? Je répète avec intention qu'ils ne sont pas exactement ceux qui ont été publiés. Cette observation me fournit l'occasion de dire que Lamartine ne mérite pas, autant qu'on l'affirme parfois, le reproche de ne pas se corriger. Je ne sais plus où j'ai lu que Lamartine était un homme de génie auquel il avait manqué d'avoir du talent. Il y a une part de vérité dans cette définition ou dans cette affirmation. Que Lamartine eût du génie, personne ne songe à le contester ; que Lamartine eût du talent, on ne le conteste pas davantage ; mais peut-être Lamartine n'avait-il pas toujours le talent suffisamment attentif pour surveiller et pour corriger les effusions trop spontanées de son génie. En d'autres termes, il lui arrivait de ne pas se corriger assez. Victor Hugo, lui, avait non seulement le génie et le talent ; mais il avait quelquefois le talent de mettre au point les effusions et les inspirations de son génie, et c'est peut-être la raison pour laquelle, lorsqu'on institue une comparaison entre la plus belle pièce de Lamartine et la plus belle pièce de Victor Hugo, si pour l'inspiration, pour le mouvement, pour le jet poétique, la pièce de Lamartine peut mériter la préférence, la pièce de Victor Hugo l'emporte par la précision des termes et par ce qu'il y a d'impeccable, en quelque sorte d'infaillible, dans l'expression.

Un jour, le meilleur ami de Lamartine, Dargaud,

un esprit impartial et profond, lui disait que s'il voulait prendre la peine, lui, Lamartine, de revoir les vers de *Jocelyn*, d'en corriger certaines défaillances, certaines négligences ou certaines incorrections, il en ferait, sans aucun doute, le poème le plus achevé et le plus pur de la langue française.

Lamartine ne se corrigeait pas assez, mais il lui arrivait de se corriger. Après avoir lu la pièce telle qu'il l'a écrite à Ischia, on verra les modifications profondes qu'il a apportées au texte publié, et (je ne me prononce pas) si, en corrigeant son poème, Lamartine l'a amélioré.

C'est à Ischia que Lamartine a écrit ses *Confidences*. C'est également au cours de ce voyage que Valentine a écrit quelques-unes de ses impressions.

J'ai été l'objet d'une attention délicate. On a bien voulu me confier, avec la certitude que je n'en abuserais pas, quelques-uns des albums sur lesquels Valentine prenait ses notes. Je les ai lus avec attention, avec émotion et avec piété. Elle écrivait bien, — je ne parle pas seulement de sa calligraphie, qui offre, d'ailleurs, une intéressante particularité, car Valentine avait fini par avoir à peu près complètement l'écriture de Lamartine. A l'exception de certaines lettres ornées, comme les grands B de Lamartine, il est souvent très difficile de distinguer entre l'écriture du poète et l'écriture de sa

Le cabinet de travail de Lamartine, rue de la Ville-l'Évêque, a Paris.

nièce. Et comme, sur ce point du moins, je dirai tout, il ne manquait dans les écrits de Valentine ni fautes d'orthographe, ni incorrections grammaticales. C'était ainsi, pour la nièce, une autre façon de se rapprocher encore plus étroitement de l'oncle.

Elle est à Venise. Oh ! certes, il ne faut pas s'attendre à une description de cette ville illustre, comparable à celles que Barrès ou Loti en ont faites ; mais, pour mieux faire connaître Valentine, je tiens à citer un passage de ses impressions. Elle fait d'abord une réflexion qui est assez vraie :

« Il est impossible d'être parfaitement gai à Venise ; on se sent toujours quelques larmes dans le cœur pour ces restes de vie et de splendeur. C'est une femme mourant dans sa jeunesse et dans sa beauté. L'agonie ne fait que lui donner pour ainsi dire plus de charmes. »

Et voici un tableau qu'elle a cueilli au passage et qu'elle a immédiatement inscrit sur son album :

« Un matin que nous nous promenions en gondole, errant un peu au hasard, nous nous trouvâmes au milieu du marché. C'était une réunion de barques chargées des plus admirables légumes arrangés dans des feuillages, et pavoisées de fleurs. De loin, on croyait voir des bouquets flottant. De belles femmes, de beaux enfants avec des couleurs ardentes du Titien ; la mer, qui s'étendait au loin, ces fleurs, ces fruits, que le soleil faisait briller et reluire sous ses chauds rayons, des mariniers avec leur bonnet rouge, les pêcheurs ployant sous le poids de leurs filets remplis de poisson à l'écaille luisante et changeante, les barques qui se croisaient et s'accrochaient, les vendeurs employant leurs plus grandes séductions dans leur dialecte doux et chantant, les acheteurs remplissant leurs gondoles et les changeant en jardin : tout cela faisait le plus ravissant tableau que l'on puisse rêver.

« Les palais, sous leurs vieilles sculptures, sous leurs balcons penchés sur l'eau, semblaient presque s'animer à cette fête et avoir quitté, pour une minute, leur deuil et leur tristesse. »

Lamartine écrivit les *Nouvelles Confidences*, une partie des *Confidences* du moins, pendant qu'il était à Ischia, et voici ce que ce souvenir précis suggère à Maurice Barrès :

« Quelles délices pour Lamartine de retrouver, dans l'enfant de sa sœur, dans une fille de sa race, ces manières de sentir, ces puissances et ces nuances d'enthousiasme, et de la voir venir se placer dans sa vie comme une strophe, la plus vraie, la plus ardente, la plus pure ! Aussitôt, il enrichit de cette jeunesse son œuvre. Il n'est pas douteux que plusieurs des imaginations romanesques si étrangement surgies dans l'esprit de ce poète, qui touchait à la soixantième année, n'aient été un effet de la présence de Valentine de Cessia. Elle ranimait en lui la mémoire des amours passées, et, avec les sentiments qu'il recevait d'elle, il revivait les souvenirs enchanteurs de sa jeunesse. Valentine était du voyage d'Ischia, et comment ne pas la reconnaître dans la figure de Graziella ? C'est elle encore qu'il faut deviner sous certains aspects de la Julie de *Raphaël.* »

BUSTE DE LAMARTINE PAR D'ORSAY.
(Collection de M. Louis Barthou.)

J'ai relu *Raphaël*, j'ai repris le portrait de Julie, et dois dire qu'ici je ne serai pas d'accord avec Maurice Barrès. Je ne suis pas bien certain qu'il y ait, dans les traits de Julie, un souvenir et une inspiration de Valentine ; mais, en ce qui concerne Graziella, je suis complètement d'accord avec l'éminent écrivain. J'ai relu *Graziella*, je n'y ai aucun mérite, puisque chaque fois que je le relis, j'y trouve du plaisir, et j'y ai trouvé des passages qui, certainement, ont été inspirés non pas pai la petite cigarière de Naples, mais par la présence de Valentine :

Quand elle s'apercevait que je la regardais, elle rougissait un peu, comme si elle eût été honteuse d'être si belle. Il y avait des moments où le nouvel éclat de sa beauté me frappait tellement que je croyais la voir pour la première fois et que ma familiarité ordinaire avec elle se changeait en une sorte de timidité et d'éblouissement.

A la sortie (c'est la sortie de la messe), j'entendais avec une sorte d'orgueil personnel, comme si elle eût été ma sœur ou ma fiancée, les mouvements d'admiration que sa gracieuse figure excitait parmi ses compagnes. Mais elle n'entendait rien et, ne voyant que moi dans la foule, me souriait du haut de la première marche.

Je ne sais pourquoi une sorte d'instinct me suggère que ceci n'est pas un tableau pris à la sortie de l'église de Procida, mais ressemble beaucoup plus à une évocation, à un souvenir de l'église de Monceau. Et voici qui ne laisse pas de doute : un passage où Graziella n'est pour rien et qui a, certainement, été inspiré par Valentine :

Ce n'était pas de l'amour : je n'en avais ni l'agitation,

ni la jalousie, ni la préoccupation personnelle. C'était un repos délicieux du cœur au lieu d'être une fièvre de l'âme et des sens. Je ne pensais ni à aimer autrement, ni à être aimé davantage.

Ce passage rejoindra un aveu secret et discret de Valentine :

Je ne savais si elle était un camarade, un ami, une sœur ou autre chose pour moi ; je savais seulement que j'étais heureux avec elle, et elle heureuse avec moi.

A coup sûr, Lamartine et sa nièce furent, parmi les voyageurs, ceux qui goûtèrent le mieux les plaisirs du voyage.

Quelques mois après, Lamartine envoya à sa nièce, catholique pratiquante, une *Imitation* illustrée, et il inscrivit sur cette *Imitation*, à la date du 24 décembre 1844, ces vers qui ne sont peut-être pas admirables mais qui ont le mérite d'être inédits :

Livre obscur et sans nom, humble coupe d'argile,
Mais remplie jusqu'au bord des sucs de l'Évangile
Où la sagesse humaine et divine à longs flots
Dans le cœur altéré coulent en peu de mots,
Où chacun à sa soif vient se pencher, s'abreuve
Des gouttes de sueur du Christ à son épreuve,
Trouve selon le temps, et la peine, et l'effort,
Le lait de la mamelle ou la moelle du corps,
Et dans la gloire où l'homme ingrat le crucifie,
Dans les larmes du Christ voit sa philosophie.

L'inspiration des vers est belle, l'expression n'en est pas égale à l'inspiration.

Sans avoir le pédantisme de faire de la grammaire, il n'en est pas moins vrai que je trouve une occasion de constater ici les singulières négligences de Lamartine et des abandons que Victor Hugo n'aurait jamais commis. Avez-vous remarqué « cette sagesse humaine et divine qui coulent », au pluriel, « à longs flots dans le cœur altéré » ? Si Lamartine avait écrit : « la sagesse humaine et la sagesse divine », il aurait fallu, pour employer son expression, « qu'elles coulent », au pluriel. Mais, il a écrit : « la sagesse humaine et divine » ; cela appelait, dans le vers suivant, *coule* au singulier ; mais, s'il avait écrit *coule* au singulier, le vers aurait été faux, et, entre un vers faux et une faute de grammaire, Lamartine n'a pas hésité : il a fait la faute de grammaire. Victor Hugo ne l'aurait pas faite.

Voilà donc une poésie inspirée par Valentine à Lamartine. Voilà encore des passages de *Graziella* qui ont été inspirés par la nièce à l'oncle. Est-ce à ce moment-là, est-ce au cours de ce voyage, que Lamartine a écrit une autre poésie dont Valentine est également l'inspiratrice ? Je n'oserais le dire. A l'heure actuelle, cette poésie figure dans les *Recueillements Poétiques* ; elle ne figurait pas dans l'édition originale. En 1842, Lamartine a repris toute son œuvre ; il y a ajouté des pièces nouvelles ; il a commenté des pièces anciennes, et c'est alors que cette poésie apparaît pour la première fois. Lamartine l'a datée de Florence, 1818. Elle n'est pas de Florence, et, dans tous les cas, elle n'est certainement pas de 1818. S'il l'avait écrite en 1818, comme elle est très belle et qu'il savait la valeur de ses vers, qu'il y avait en lui, quand il le voulait, un excellent critique, il l'aurait certainement recueillie dans les *Méditations* ; s'il ne l'avait pas recueillie dans les *Méditations*, il l'aurait comprise dans les *Nouvelles Méditations*, qui parurent peu de temps après ; il l'aurait mise dans les *Harmonies*, ou dans les *Recueillements Poétiques*. Elle est très postérieure aux *Méditations*, aux *Nouvelles Méditations Poétiques*, aux *Harmonies* et aux *Recueillements Poétiques*. Il en a changé la date. Pourquoi ? C'est une poésie admirable ; il y a un aveu : l'aveu d'un amour, d'un amour très tendre et très pur pour une jeune fille, et il n'est pas douteux, pour aucun de ceux qui connaissent la vie de Lamartine, qui ont pénétré dans son intimité, qui ont approché Valentine, il n'est douteux pour personne que la pièce de l'oncle ait été inspirée par la nièce :

Il est un nom caché dans l'ombre de mon âme....

Il y a dans cette poésie des vers émouvants et doux ; ils sont l'expression d'un amour passionné, mais d'un amour très pur et très tendre. Si Lamartine ne veut pas dire le nom, la raison en est très simple : il avait peur de sa femme ; Mme de Lamartine était jalouse, elle était férocement jalouse. Je ne dirai pas qu'elle était jalouse parce qu'elle était Anglaise, car je crois bien que la jalousie n'est pas le privilège, ou l'erreur, ou l'injustice, d'une seule race ; je dirai simplement qu'elle était une Anglaise férocement jalouse. Elle avait souvent des raisons de l'être ! Elle était jalouse de sa nièce, parce que Lamartine reportait sur cette nièce la tendresse

LAMARTINE ET LE DRAPEAU ROUGE.

qu'il aurait eue pour sa fille Julia. Quoi qu'il en soit, Lamartine préféra être prudent. Et quand, en 1849, il publia cette poésie admirable, ou bien Mme de Lamartine ne comprit pas, ou bien elle ne la lut pas, ou bien encore elle était devenue plus tranquille et plus sage ; dans tous les cas, la pièce fut imprimée, et c'est un chef-d'œuvre qui a passé à la postérité.

En 1848, Lamartine connut des jours de gloire. Sa nièce était à Monceau ; il lui écrivait de longues lettres, dans lesquelles il lui parlait de sa vie agitée et tumultueuse, des périls qu'il avait courus, des joies qu'il avait rencontrées, des triomphes qui l'avaient exalté, et Valentine lui répondait. Le 9 juin 1848, au moment des journées terribles, Lamartine écrivait à sa nièce :

Ma chère Valentine,

Ta lettre de quatre pages a été lue comme elle était écrite, avec une tendresse que je n'ai pas besoin de te redire, car les jours et les années ne font que la rendre plus pénétrante, plus adhérente et plus incorporée au cœur.

Je prends un petit moment, au milieu de mille soucis et de mille dangers, pour t'envoyer un souvenir de tous les moments. Tu me dis que je suis ton seul confident, ton seul ami depuis ta naissance. Je désire l'être jusqu'à la fin, ou, plutôt, je suis convaincu qu'il n'y a point de fin et que la fin de nos attachements sur la terre est précisément le commencement d'un attachement éternel ou, plutôt, de l'identification complète avec ceux que nous aimons. Ainsi, sois tranquille, je serai toujours ton ami et toujours ton confident, quand même nous ne nous reverrions jamais sur la terre.

Au moment où il écrivait cette lettre, Lamartine était, en effet, exposé aux mille dangers auxquels il faisait allusion ; sa lettre même est interrompue pendant vingt-quatre heures, mais il la reprend, il lui exprime les mêmes sentiments.

Ainsi, c'est pour toi le moment de fondre ta belle et tendre âme en prières, écrit-il à Valentine, pour le triomphe des idées de Dieu...

J'observerai que le triomphe des idées de Dieu, c'était le triomphe de la Révolution de 1848, et on peut longuement discuter là-dessus.

... et pour le salut de celui que tu aimes plus qu'aucune fille n'aimât jamais son père.

Quand je suis un peu découragé et triste, ou tenté de désespérer des difficultés de la République, (c'est-à-dire de désespérer des idées de Dieu), je pense à toi, je te vois les mains jointes devant ton Christ et tes beaux yeux animés d'un rayon céleste d'espérance et d'amour, et la foi et l'espérance rentrent à l'instant même dans ma pensée. Quant à l'amour, il n'en sort jamais. Mais tu sais assez que l'amour, c'est celui des esprits et pas celui des hommes.

Nous sommes en 1848. En 1849, le secrétaire de Lamartine se trouve à Monceau : il écrit ses souvenirs, et voici un passage de ces souvenirs qui a son intérêt. Il dépeint le salon, les visiteurs, le maître et la maîtresse de la maison, ceux qui viennent, les illustrations, les amis :

LAMARTINE EN 1848.
MANIFESTE ADRESSÉ A L'EUROPE.

« A l'écart, une grande et belle jeune fille, à la figure pâle, aux yeux noirs, recueillis, aux bandeaux de cheveux soyeux, châtain noir, gardait le silence. Sa tête baissée, indifférente à la causerie, semblait écouter une voix intérieure. Parfois, elle fixait sur Lamartine des regards où couvait la tendresse ; puis, elle inclinait encore sa tête, reprenait son attitude pensive, appuyait sa figure sur sa main accoudée et rentrait dans sa rêverie. C'était Mlle Valentine. »

Elle rentrait dans sa rêverie. Elle pensait à son oncle. Et comment n'y aurait-elle pas pensé quand elle en recevait encore des lettres comme celle dont je vais donner un extrait ? Puisque je parle de lui et que je parle d'elle, puisque je parle de l'oncle et de la nièce, n'est-il pas plus simple de les laisser parler l'un à l'autre ?

Dieu ne m'a laissé que toi sur la terre par qui il puisse m'arriver de la joie, du bonheur, de l'affection. De jour en jour, d'année en année, mon cœur endurci et fermé à tout se raffermit plus exclusivement sur cette tendresse de fille et d'ange, qui t'a inspirée. Tu sais combien nous te la rendons, je ne dis pas plus, mais autant que tu l'éprouves pour nous. Ne te fais jamais le moindre doute, le moindre tourment là-dessus. Tu es notre monde rassemblé en toi. Ce sentiment est double ici dans ta tante et dans moi.

Je ne suis pas très certain, sur ce dernier point, que Lamartine exprime sa pensée tout entière !

Ne songe qu'à ton bonheur qui te préoccupe soir et matin, jour et nuit. Le plaisir de te retrouver et de te sentir plus près de nous est l'unique attrait qui nous rappelle où vous êtes.

Je t'ai acheté un cheval, j'espère que nous monterons beaucoup. Avez-vous des livres ?

Priez-vous bien Dieu pour nous comme nous pour vous ?

J'espère qu'il nous exaucera en ce moment dans la chose presque seule que nous lui demandons : ton vrai et complet bonheur. L'amitié rend pieux. La prière a été inventée par des cœurs qui avaient à s'inquiéter d'autres cœurs ; la prière pour soi est un égoïsme, mais, pour d'autres, c'est le véritable amour.

Adieu et tendresse aussi vive et plus cordiale que jamais.

En 1853, — c'est encore une des lettres qui ont été conservées, — Valentine lui répond :

« Vous ne savez pas assez que je n'ai de bonheur que celui qui vient de vous. Je vous en supplie, écrivez-moi aussi le dimanche. Je voudrais inventer des mots pour vous demander cette grâce, pour vous mieux dire combien j'ai besoin de vos lettres pour adoucir une séparation dont je sens tous les jours la tristesse. »

Oui, elle est prise de désespoir. Elle demande à son oncle de lui envoyer des lettres dont elle dit qu'elles sont les preuves vivantes de sa divine tendresse, et elle ajoute, parce que s'il prie pour elle, elle prie pour lui :

« Je ne fais pas une action sans vous l'offrir et sans demander à Dieu, si j'ai quelques petits mérites, de les faire retomber sur vous. Si vous saviez combien, depuis que j'ai inventé cela, j'ai du courage pour remplir les devoirs les plus ennuyeux de la vie ! Même au bal, quand j'y vais, je trouve le moyen de bien des manières de m'unir à vous par Celui qui est le bien des cœurs. Je suis si ravie quand je peux me priver de je ne sais quoi, même d'un verre d'eau fraîche, pour obtenir que vous dormiez calme, que vous ayez moins de souffrances et d'inquiétudes en vous éveillant, que vous pensiez avec consolation et tendresse à moi, que vous m'écriviez. »

Si elle parle à son oncle de ses privations, de sa situation difficile, c'est qu'elle n'ignore pas combien il est malheureux, que les dettes l'accablent, que les créanciers assaillent sa porte. Alors, un jour, dans le sentiment le plus pur, le plus spontané et le plus délicat, elle écrit à son oncle en lui offrant son pré, sa vigne, son figuier, sa chaumière, son petit champ. Sur le premier moment, l'oncle ne veut pas de tout cela ; mais la jeune fille insiste, elle lui démontre que l'amour, que l'amitié, ne valent que par le dévouement ; elle lui offre son dévouement, et ce dévouement elle le prouve par l'abdication et par le sacrifice. Et voici une autre lettre (je tiens à la publier ici ; car comment connaître Valentine, comment la comprendre, comment les comprendre, lui et elle, comment expliquer les liens qui les unissent si on ne connaît pas cette correspondance unique ?) voici, dis-je, une autre lettre dont je peux constater qu'elle est admirable et émouvante ; Valentine s'y montre, et elle s'y affirme tout entière. Mais pourquoi la commenter ? Ici, le commentaire ne dit rien, c'est le texte qui importe, et je vais au texte :

« C'est à genoux à vos pieds, et en couvrant votre

CHALET DE PASSY, OU EST MORT LAMARTINE.

main de baisers, mon cher oncle, plus cher que jamais, je ne pourrai dire que je voudrais pouvoir vous remercier de la lettre que je viens de recevoir. Soyez mille fois béni pour la tendresse et la consolation que vous m'envoyez, je les garde comme un trésor de bonheur, de force et d'espérance au tréfonds de mon cœur. Si Dieu, quelquefois, me semble dur, il en a le droit, car il a été bien divinement bon en me choisissant de toute éternité pour recevoir et rendre une affection comme celle qui nous unit. Je crois qu'il est donné à bien peu d'être tant aimé et d'aimer autant. »

Elle ajoute qu'elle lui a donné son cœur, elle lui dit :

« Un cœur dont vous êtes le seul maître, la seule pensée, la vie unique et la seule et éternelle espérance. »

Elle ajoute encore qu'elle ne peut pas s'habituer à la séparation : « Penser que votre vie s'use à ces combats de toutes les minutes... » Ce ne sont plus, hélas ! les combats héroïques qui ont mis Lamartine aux prises avec les insurgés, en 1848 ; ce sont les luttes continuelles et quotidiennes avec les créanciers qui l'assaillent et qui le harcèlent.

« Penser que votre vie s'use à ces combats de toutes les minutes et que je ne puis l'allonger d'un seul jour de la mienne ! Par quelle affreuse ironie Dieu a-t-il donné le besoin du dévouement de tout l'être, jusqu'à la dernière goutte de sang, sans en donner le pouvoir ! Je voudrais, au prix des plus atroces souffrances, vous faire de l'or avec toutes les fibres de mon corps. »

Elle n'a pas longtemps à attendre. Il viendra une heure où elle aura autre chose à faire que d'afficher son dévouement, où elle pourra se donner, se sacrifier tout entière. Lamartine, qui la consulte en tout, qui attend d'elle les conseils, Lamartine a dit un jour à Dargaud que Valentine était son homme d'affaires. Quand il a une décision à prendre, quand il hésite pour savoir quelle est celle de ses maisons dont il doit faire le sacrifice, c'est à elle qu'il s'adresse, et écoutez comme elle lui répond :

« Que vous êtes mille fois bon de me donner le choix de ce qu'il vous faut vendre ou garder ! La vérité est que j'aime ce que vous aimez. Ce que vous ferez sera ce que j'aurais voulu faire. Si vous trouvez à vendre plus facilement Monceau, je transporterai tous mes souvenirs au milieu de vos souvenirs de Milly ; je mêlerai ma vie passée avec la vôtre ; je serai heureuse de vous voir garder le nid de la famille ; ses vieux murs, son petit jardin me sont sacrés comme un sanctuaire, chers comme votre personne. Si, au contraire, c'est Monceau que vous gardez, tout en regrettant Milly, je remercierai Dieu de ne pas voir effacé par le pied des étrangers la place de nos pieds sur cette avenue, que nous avons suivie avec tant de tendresse depuis déjà tant d'années, en gardant notre petit toit de Collonges si près du vôtre. Ensuite, si, pour vos affaires, vous devez les vendre tous deux, il reste encore Saint-Point, le plus cher d'entre les plus chers.

Nous y concentrerons nos vies, nos souvenirs, nos cœurs. Il me semble que j'ai un peu incarné de ma vie dans chaque fleur, chaque arbre, chaque ravin de cette chère vallée, où tout, même le tombeau qui garde et qui attend, parle de tendresse, de repos et d'espérance. Et même encore s'il devenait nécessaire pour votre tranquillité de s'arracher de tout et de tout vendre, je me consolerais encore et toujours si vous m'emmenez avec vous, si je puis mettre mon pied sur l'empreinte des vôtres, n'importe le pays, n'importe le ciel. Ma patrie, le lieu que je voudrais habiter, ne sera jamais ailleurs, ni plus loin que votre ombre par terre. »

Oh ! la belle, la belle lettre !

Nous avons lu des lettres d'Elvire : elles manifestent de la passion ; nous avons lu des lettres de Valentine : la passion s'y affirme aussi. Mais il y a de la passion dans les lettres de sainte Thérèse ! Qui, pourtant, ferait à sainte Thérèse l'injure de comparer ses lettres à celle de la religieuse portugaise ?... Les lettres d'Elvire et les lettres de Valentine sont parfois écrites du même ton passionné. Mais, ici, c'est une nièce qui fut élevée au rang de fille ; elle admire en Lamartine le grand homme ; mais elle l'aime parce qu'elle a pénétré, parce qu'elle a approfondi son cœur, parce qu'elle sait que chez lui le cœur égale le génie. Elle l'aime passionnément, comme une fille aime son père, elle prie pour lui. Vous avez vu comment cette jeune fille, Antigone bienfaisante, s'est déclarée prête à aller où les destins de la vie conduiront les pas d'Œdipe. Voyez, maintenant, comment elle sait prier :

« Sentez-vous tous les soirs, à huit heures, une bénédiction descendre sur vous ? Je vais la recevoir à cette heure-là dans une église sombre, presque vide ; je vous l'envoie pour qu'elle vous apporte consolation, force, courage, espérance et tendresse. Ma première pensée, le matin, est votre nom dans une prière ; ma dernière action, le soir, est de demander pour vous, à Dieu, du repos, les grâces du sommeil pour votre nuit et les consolations qu'il garde pour les âmes sublimes et saintes comme la vôtre. Voilà ma vie tout entière, mon cher oncle. Laissons dire ! Et, mon Dieu, avec vous, c'est le front haut, le cœur plein de confiance que je lui parle. Plus je vais, plus je me sens digne de votre tendresse. Je voudrais m'agrandir le cœur pour vous aimer davantage.

« Adieu, je vous embrasse ; je ne sais si c'est comme une fille, une amie, une nièce ; mais, ce que je sais, c'est que, quel que soit le sentiment, il sera long comme ma vie et plus fort que la mort. Écrivez-moi vite. Merci de m'aimer, merci de me le dire, moi qui vous aime tant et vous le dis si mal. »

Elle l'aime beaucoup, mais elle ne le dit pas mal ! Quand on aime, on exprime toujours bien son amour. Parle-t-elle comme nièce, parle-t-elle comme fille, parle-t-elle comme amie ? Elle parle comme nièce, car elle est la nièce de Lamartine ; elle parle comme fille, puisque, par son affection, Lamartine l'a élevée jusqu'à ce rang et qu'il a voulu retrouver en elle la fille qu'il a perdue ; mais elle l'aime aussi comme une amie, passionnément, mais avec la tendresse la plus respectueuse et la plus pure.

Lamartine a 78 ans.

J'ai sous les yeux toute une série de lettres dans lesquelles ils s'écrivent l'un à l'autre et dans lesquelles ils écrivent aussi l'un sur l'autre.

Si 1856, c'est l'année des épreuves, 1857 est une année tragique : c'est cette année-là que Lamartine s'en va dans sa vigne et écrit ce qu'il appelle *Les Psalmodies de l'Ame*, ce dialogue entre son âme et lui, intitulé : *La Vigne et la Maison*, qui est, à coup sûr, l'un des poèmes les plus tendres, les plus émouvants, les plus personnels et les plus purs dont puisse s'enorgueillir la littérature française. Lamartine, en 1860, appelle Valentine « l'ange et l'âme de la maison ».

Sans elle, écrit-il, notre demeure ne serait déjà que sépulcre anticipé.

En 1862, Valentine est gravement malade, assez malade pour le jeter dans les préoccupations les plus sombres.

Que deviendrions-nous, écrit-il à son ami de Champrond, juste ciel ! si son état s'aggravait !

Lamartine, en 1866, est malade à son tour ; Valentine s'inquiète. Jusque-là, elle a été auprès de lui, dévouée, attentive, s'occupant de ses affaires, l'aidant à recevoir, et à bien recevoir, s'inquiétant de ses dettes, s'intéressant à ses livres, à ses vignes, à ses vignerons, aux difficultés que la vie lui apporte. Elle est là quand Mme de Lamartine meurt, et Mme de Lamartine a été tellement frappée, tellement saisie, tellement émue par ce dévouement admirable, qu'elle a compris et qu'elle s'est rendue. Et, tandis que Lamartine est malade dans une chambre voisine, c'est Valentine et sa sœur, Mme de Pierreclos, qui ferment les yeux à Mme de Lamartine. Et puis, en 1869, c'est la mort.

Voici un témoin, M. de Chamborand, qui, dans un livre sur *Lamartine Inconnu*, écrit :

« Il était là, abattu par la vieillesse, les ombres de la mort commençaient à voiler son grand esprit. Je me souviendrai toujours du frisson qui m'a traversé lorsque je l'ai vu à demi couché sur un canapé, dans son salon du chalet. Le soleil inondait la pièce de lumière et de chaleur, les lilas fleuris l'embaumaient de leur parfum. Le grand homme, insensible à l'éclat du jour, aux aromes du printemps, et même au bruit des visiteurs, avait les yeux fermés et semblait dormir. Mlle Valentine nous accueillit avec sa grâce habituelle. A mesure que son oncle s'affaissait davantage, elle intervenait avec plus de sollicitude ; par le tact et l'habileté de sa tendresse, elle arrivait à atténuer l'amoindrissement de ses facultés. Quel que fût le visiteur, elle savait l'annoncer de manière que son oncle pût trouver immédiatement le mot qu'il devait dire pour lui faire bon accueil. Elle déployait dans son rôle d'ange gardien une grâce véritablement charmante. »

Ceci se passait en 1868. Lamartine mourut en 1869. Après sa mort, Valentine se donna tout entière à la mémoire de son oncle. Ah ! certes, la situation n'est pas commode, il a légué une situation extrêmement difficile ; il a laissé des dettes ! il faut les liquider, il faut vendre les maisons qui restent. Elle réussit à arracher aux créanciers impitoyables ce Saint-Point dont elle a parlé dans la lettre que vous venez de lire. Elle a la bonne fortune d'avoir à côté d'elle un homme, un brave homme, très intelligent et très dévoué, M. Dubois, un voisin et un ami, dont Lamartine, hélas ! eut le tort de ne pas suivre les conseils, non seulement affectueux, mais pratiques. Dubois est le témoin de l'activité de Valentine, de son dévouement, et il lui écrit ces lignes dans lesquelles il la caractérise...

« Cœur d'or, âme divine, bonté inépuisable, tendresse délicieuse, charme ravissant, attraits vainqueurs, grâce enchanteresse, ah ! vous êtes de la vraie race de Lamartine ! »

Elle publie les œuvres, les poésies inédites, le *Manuscrit de ma Mère* ; elle publie les six volumes de l'admirable correspondance de Lamartine, une correspondance, je l'ai dit souvent, dans laquelle il se dépeint tout entier et sans laquelle on ne peut ni le connaître, ni le comprendre. Et même, quoiqu'elle soit chanoinesse, qu'elle prie Dieu le matin et le soir, elle a une façon de respecter l'œuvre de son oncle, qui diffère un peu de la façon de Mme de Lamartine. Je vous ai dit que cette dernière s'était occupée, pendant plusieurs années, à vêtir les nudités qui se rencontraient dans *La Chute d'un Ange* et dans *Jocelyn.* Valentine fait l'opération contraire : elle enlève, elle arrache les vêtements que Mme de Lamartine avait jetés sur le texte et elle restitue à *Jocelyn* et à *La Chute d'un Ange* leur texte intégral. Je ne crois pas qu'elle en ait souffert dans ses convictions de chanoinesse ; mais ceux qui admirent l'œuvre de Lamartine ne peuvent que lui savoir gré de l'avoir ainsi restituée dans son intégralité.

On la voit, on l'accueille, on l'admire, et voici un témoignage récent. C'est une nièce de Valentine de Lamartine qui l'a écrit, c'est la baronne de Brimont :

« Valentine de Cessia, chanoinesse du chapitre de Sainte-Anne de Bavière, et désormais comtesse de Lamartine, m'apparaît surtout dans son cadre de Saint-Point, en Mâconnais : grande, maigre, droite, malgré l'âge, brune, ou plutôt déjà grise, coiffée de bandeaux plats qui tiraient aux tempes ; elle avait de sombres yeux veloutés, une bouche spirituelle, un beau visage pâle aux lignes accusées, dont on disait qu'il ressemblait à celui du poète. Toujours sobrement vêtue de noir, portant toujours les mêmes chapeaux ombrageants, elle frappait par sa noble allure, par son abord presque sévère, qui trahissait vite l'enjouement et la bonté. Nul plus que tante Valentine ne fut compatissante et secourable. Elle avait des onguents pour les misères physiques, des paroles affectueuses pour les peines du cœur. Elle avait conservé les plus chers souvenirs de Lamartine, le fichu de Graziella, le Crucifix d'Elvire, l'écharpe que Lamartine portait à l'Hôtel de Ville dans le jour périlleux du 24 février 1848. Elle ne vivait que dans ce souvenir. Lui disparu, elle ne se souciait plus que de ce qui pouvait le lui rappeler. Or, cela même, je crois bien, ne parvenait pas à la rassasier complètement. « Tout ce « qu'on dira ou fera pour lui ne pourra jamais satis- « faire mon cœur dans l'immensité de sa tendresse « et l'idéal vrai qu'il garde de lui », a-t-elle écrit. « Ma place est à son foyer, dans l'ombre, loin de « tous ceux qui le foulent. Je ne comprends pas une « autre vie, et c'est celle dont je ne veux pas sortir, « parce qu'ainsi je me sens dans sa volonté. Suivre « cette volonté, voilà le but de ma conduite et ma seule

« consolation. Ne suis-je pas ensevelie avec lui ? »

Elle fut, en effet, ensevelie avec lui. Elle mourut en 1894, âgée de soixante-quatorze ans. Elle disait, dans son testament :

« Je veux être enterrée dans le caveau de la chapelle du cimetière de Saint-Point, où est enterré mon oncle. Le caveau, après moi, sera clos et scellé. Je veux un enterrement très modeste, un simple drap noir autour de ma bière. »

Elle mourut en catholique, elle mourut en croyante. Elle avait, dans sa vie, beaucoup prié, et je possède un pieux et cher souvenir, son livre de prières, qu'elle lisait et relisait chaque jour en pensant à Lamartine. Quand elle priait, c'était toujours pour Lamartine ; quand elle offrait à Dieu sa journée, elle disait :

« Ce n'est pas pour moi que je vous demande le bonheur ; sacrifiez-moi pour lui dans le temps, si, par ce sacrifice, j'obtiens d'être à vous et à lui dans l'éternité. Ne nous séparez jamais l'un de l'autre, ni du cœur, ni des yeux. Soyez le lien le plus fort entre nos deux âmes, et que ce soit en vous que nous nous cherchions et nous nous trouvions. Quand je suis loin de lui, je n'ai pas la force de supporter l'existence. »

Dans sa « prière pour accomplir le bon plaisir de Dieu » :

« Donnez-moi de me reposer en vous et dans le sentiment que vous avez fait naître dans mon cœur, par-dessus ce que l'on désire et espère, et que mon cœur y établisse sa paix. »

Le Tombeau de Lamartine a Saint-Point où Valentine fut ensevelie.

Quand elle pousse ce qu'elle appelle un cri de l'âme, elle demande pitié à Dieu ; elle lui demande de ne pas prolonger le martyre de la séparation ; elle ajoute :

« S'il vous faut une victime, que ce soit sur moi seule que tombent les coups de votre justice, et que ma souffrance achète son bonheur. »

Dans une autre prière, elle dit à Dieu « qu'elle ne veut ni la beauté, ni la richesse, ni l'admiration du monde » ; elle est toujours animée du même esprit de sacrifice. Et, enfin, un jour, elle écrit cette prière à l'ange gardien d'un ami absent :

« La vie est pleine de périls et de douleurs. A chaque minute, nous pouvons y périr. Ange gardien de celui que mon cœur vous nomme, veillez avec plus de soin sur lui. S'il est vrai que nous puissions, par nos prières, nous intéresser davantage à ceux que vous a confiés Dieu, une des consolations de l'absence est de savoir que celui que j'aime plus que la vie, en quelque lieu qu'il se trouve, voyage avec vous. Ah ! rendez-lui tous ses pas faciles, toutes ses sueurs méritoires, tous ses travaux féconds. Essuyez ses larmes s'il pleure, sanctifiez ses joies s'il jouit, relevez son courage s'il se sent faible, ramenez l'espérance s'il se désole, la santé s'il souffre, le calme s'il est tourmenté, la vérité s'il s'égare, le repentir s'il succombe. Ramenez mon souvenir à sa mémoire s'il s'efface, et que ma tendresse soit toujours présente à son cœur. Et puis, surtout, veillez sur son âme, pour qu'elle n'ait rien à craindre des tentations et des ennemis du salut. Que sa conscience sans péché, sans langueur, sans tristesse, sans abattement, se maintienne dans la paix du Seigneur. Ange gardien de celui qui est le trésor et la joie de mon cœur, envoyez-lui de saintes pensées, de purs sentiments, de durables consolations. Oh ! ange, de concert avec le mien, menez-nous ensemble par le chemin de la foi, de l'amour, de l'abnégation, de la résignation et de la vertu, en dépit de tous les obstacles et de tous les dangers, auprès de Dieu qui couronne le repentir comme l'innocence, et qui réunit ceux qui s'aiment dans son éternel amour. » Lamartine disait de la prière :

L'amitié rend pieux. La prière a été inventée par des cœurs qui avaient à s'inquiéter d'autres cœurs. La prière pour soi est un égoïsme ; mais, pour d'autres, c'est le véritable amour.

Valentine de Lamartine ne priait pas pour elle, elle n'était pas égoïste ; elle était prête non seulement à se résigner, mais à se sacrifier. Elle priait pour son oncle, elle lui avait donné son cœur et sa vie. Lui, il lui avait donné son cœur et son nom, un des noms les plus grands qui aient volé sur les lèvres des hommes ; par son caractère élevé, par sa générosité, par sa délicatesse, par son esprit de dévouement, par son sacrifice, puisqu'elle avait tout sacrifié à l'oncle, au père qu'elle aimait, elle était digne de porter ce nom immortel.

J'ai commencé par une épigraphe ; si je voulais terminer par une épitaphe, je sais bien quelle est celle que je mettrais sur son tombeau ; c'est le mot admirable de son voisin et ami Dubois : « Ah ! oui, elle était bien de la race de Lamartine ! »

ABBEVILLE. — IMPRIMERIE F. PAILLART

www.ingramcontent.com/pod-product-compliance
Ingram Content Group UK Ltd.
Pitfield, Milton Keynes, MK11 3LW, UK
UKHW022055260726
13993UKWH00001B/133

9 782329 555072